KB230941

호위호신술법 2편

5

호위호신술법 2편

5

경호무술창시자 **장명진** 지음

이담 Books

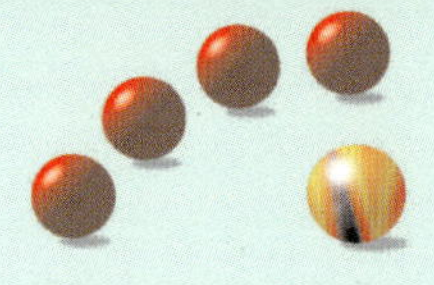

발 간 사

경호무술이란 자신을 포함하여 경호 대상에게 가해져 오는 공격으로부터 신체 및 생명을 보호해주는 **호위호신무술**이다.

경호무술을 창시한 본인은 1986년 군 복무시절 708특공대(경호부대)에서 경호무술에 대한 연구를 시작하였고, 1992년 3월 18일 국내최초로 서울특별시 중랑구 신내동에 경호원을 양성하는 국제경호아카데미를 개원하였다. 이후 1994년부터 2004년까지 『경호무술』, 『경호실무』(개정7권)를 공식 출판했으며, 특히 경호무술에 대한 무적·공법·기법·격투체계에 대하여 체계화와 정형화에 힘써 왔다. 아울러 경호무술에 대한 학문적 이론을 정립하여 체계화하였다. 국제경호아카데미 경호원 양성과정 및 장명진경호무술원과 대학교 등 외부기관에 출강하면서 착안한 경호무술 교육체계에 대하여 연구 표준화한 것을 1996년에 오픈한 사이버 경호무술교실에 구축하였다. 구축한 연구 내용을 정리하여 2004년 경호무술 개정본(본인이 직접 연구, 저술, 시연, 편집, 출판해 1인 5역으로 1,704page, 무게 8kg, 대작완성)으로 발간하였다.

이렇게 연구 출판된 『경호무술』은 각 군 관계부대와 직무에 관련된 정부기관인 경찰청, 경호처, 국정원, 법무부, 국무총리실, 국회 등 관계기관을 포함해 대학의 경호 직무 관련(경호, 경찰, 군사, 교도 등) 학과와 경호무술원지도자, 수련자들에게 전공 및 연구교재로서 사용되면서 체계화된 학문적 이론과 과학적인 기술이 널리 알려지게 되었다. 아울러 국민의 여가와 체위 향상에 기여하고 있으며, 새로운 직업 창출에도 이바지하고 있다. 또한 해외보급이 본격화되면서 문화외교 역할을 통한 국위선양과 경제활동을 통한 서비스 산업으로 국익에 크게 기여하고 있다. 이처럼 경호무술은 그동안 최단 기간에 우리의 대중적 무예로 크게 발전해 국가와 사회에 기여하게 되어 창시자로서 매우 기쁘게 생각한다.

무예는 전통적으로 지·덕·체를 교육이념으로 삼아 왔으며, 또한 충효의 근본을 가르치는 역할을 담당하기도 했다. 무예를 가장 큰 교육이념으로 여겼던 나라는 동서양을 막론하고 대부분 부국강병을 성공적으로 이루어 오늘날 군사 및 경제 대국이 되었다. 세계사에서 부국강병을 이루게 된 대표적인 나라들로 영국과 일본을 주목하고 있다. 이들 나라의 공통점은 그 나라를 대표하는 무인정신을 꼽는다. 영국은 기사도정신 그리고 일본은 사무라이정신이 바로 그것이다. 이 같은 정신을 무사도 정신이라고 말하기도 한다. 중국 또한 무예를 신(神)이라 부를 만큼 신성시해 왔으며, 무예인들이 인격도야에 정진하면서 무예인을 도사라 칭하기도 했다. 이처럼 무예는 정치, 경제, 사회, 문화를 초월하는 보이지 않는 강력한 힘으로 다양한 가치를 재창조하는 에너지 원천과 같아 오늘날 첨단과학이 지배하고 있는 21세기가 된 지금도 세계 각국은 무예를 다양한 각도에서 연구하고 활용방안을 모색하고 있다. 많은 나라가 무예를 학교 체육 정규과목으로 채택해 교육을 강화하고 있으며, 문화 자원화 차원에서 무예에 대한 지식재산권을 확보하는 데도 힘을 쏟고 있다.

이 같은 변화에서 다소 늦은 감은 있으나 우리나라에서도 2008년 전통무예진흥법이 만들어진 점에 대하여 매우 다행스럽게 생각하며, 경호무술이 향후 국민의 건강 및 문화생활향상과 더불어 안전하고 행복한 삶을 추구하는 무술로서 한국을 대표하는 무예로서 세계화되기를 바란다. 끝으로 2011년 경호무술 책이 분권 출판되게 도와주신 한국학술정보(주) 사장님 및 관계자와 우리 가족 모두에게 깊이 감사한다.

경호무술창시자 장명진 약력

- 사단법인 한국경호무술진흥회 회장
- 전통무예원류적통자 모임 간사
- 장명진경호무술원 총원장
- 국무총리실 국가재난관리본부 자문위원
- 초당대학교 경호학과(경호무술) 겸임교수
- 고려대학교 사범대학원 석사과정(경호무술) 강사
- 선문대학교 무도학과, 충청대학 태권도학과(경호무술) 강사
- 국립경찰대학 수사보안연수소(인질협상/경호전략) 강사
- 중국연길시공안국 보안전문대학교 명예교수
- 한서대학교, 서일대학 사회교육원 경호학과(경호무술) 강사
- KBS아카데미 경호원 양성과정(경호무술) 강사
- 사단법인 한국무예포럼 운영위원
- 주식회사 탐경(경호회사) 대표이사
- 국제경호아카데미 원장
- 국제경호협회 회장
- 한국안전교육학회, 한국경호경비학회 운영위원
- 사단법인 한국경비협회 신변보호분과 운영위원
- 사단법인 한국직능단체총연합회 상임부회장
- 제10기 민주평화통일 자문위원(대통령)회 자문위원
- 윗몸일으키기(14,824회) 기네스 기록보유(1990년)
- 『경호무술』, 『경호실무』 저술(개정7권, 1994년~2011년)
- 『경호직무능력표준』, 『경호자격규정집』(2004년~2005년)
- 「경호산업문제분석과 발전방안에 관한 연구」 외 다수
- 대통령표창(2002년), 국무총리표창(2007년)

[무술입문 및 경호무술 창시 보급]

7세에 무예에 입문하여 태권도, 태껸, 합기도, 쿵후 등을 수련하고 경호무술을 창시하는 등 40여 년간 무공을 쌓았다. 1986년 708특공대(경호부대) 복무 중 경호무술 연구를 시작해 1992년 정립한 경호무술을 국내최초로 설립된 국제경호아카데미에서 경호원양성 교육과정으로 지도하기 시작했다. 이후 대학(교) 경호무술학과 및 경호학과 그리고 유관학과에 보급하였다. 1996년 국내최초로 인터넷 경호무술강좌를 시작하였으며, 초·중·고등학생 및 일반인을 대상으로 경호무술원을 개원하여 전국에 보급하고 있다. 중국·미국·남미지역에 해외지부를 두고 세계화 중에 있으며 국내외 주요 방송매체를 통해 크게 주목받고 있다.

목차

武
術
觀

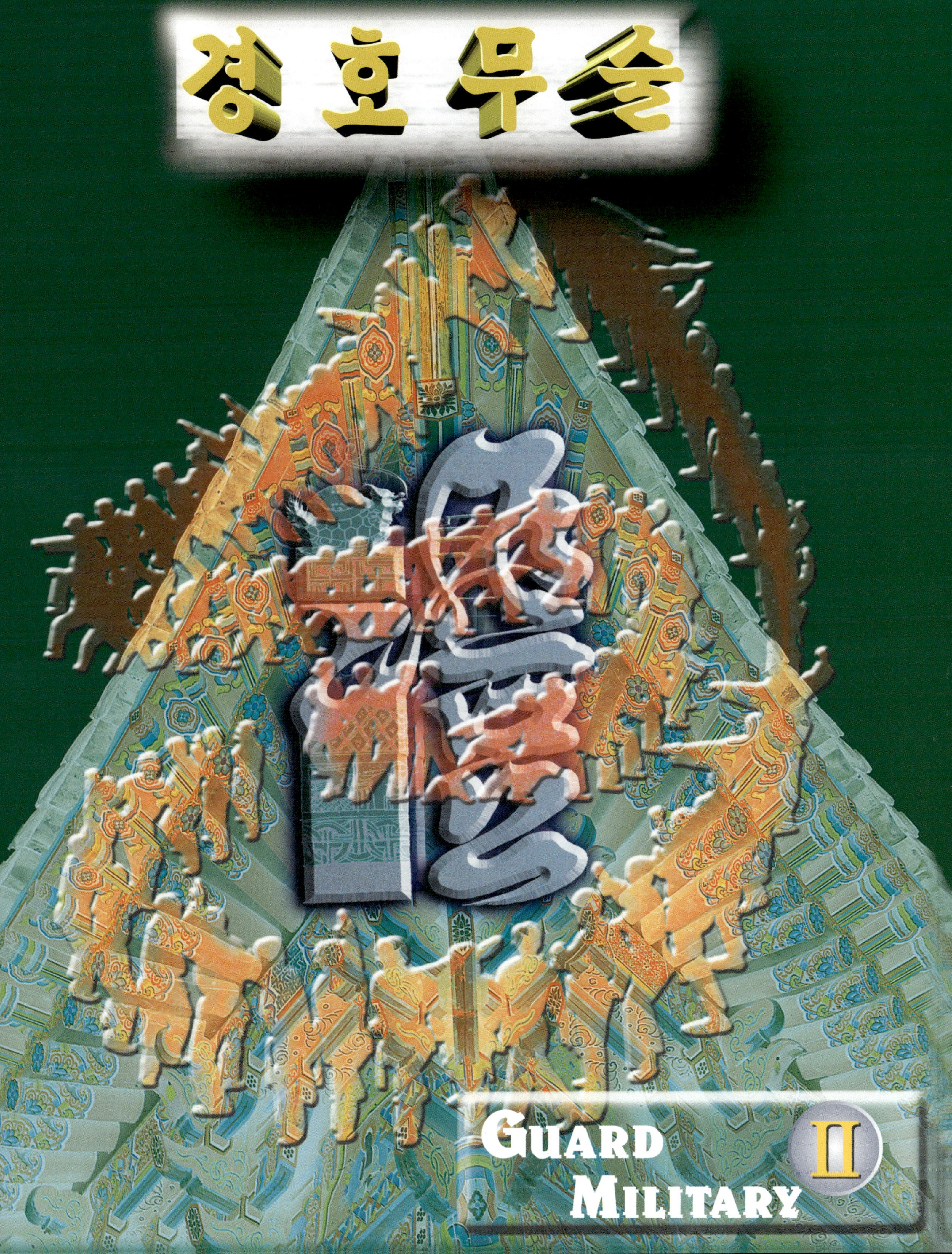
경호무술
GUARD MILITARY
II

GUARD MILITARY

護
警
武
術

警
護
武
術

護
警
武
術

警
護
武
術

護
警
武
術

警
護
武
術

警
護
武
術

警
護
武
術

1. 경호무술 창시 배경과 연구

　　경호무술을 연구하게 된 배경은 본인이 1986년 708특공대(경호부대) 군 복무 중일 때이다. 당시 우리나라 최초로 열렸던 국제적인 행사(86서울아시안게임)에 경호임무를 부여받아 경호작전에 투입될 군, 장병에 대한 경호교육훈련 프로그램을 준비하던 중에 경호직무에 필요한 매뉴얼을 연구개발하게 된 것이 경호무술을 창시하는 계기가 되었다.

　　당시 우리 군에서는 전술훈련, 유격훈련, 공수훈련, 충정훈련, 대테러진압훈련 등은 매뉴얼된 프로그램은 있었지만 체계적인 경호훈련 프로그램매뉴얼은 없었으며. 특히, 경호직무에 적합한 호위호신 무술은 개발되어 있지 않았다. 군에서 도입한 당시 무예로는 태권도, 특공무술이 보급되어 있었으나 품세와 받차기 기술위주의 태권도와 야삽술, 총검술, 단검술과 같은 기술위주의 특공무술은 경호직무 수행에 적합하지 않다고 판단되어 경호직무환경에 적합한 새로운 경호기법과 호위호신무술을 창시자 본인이 독자적으로 연구하는 계기가 되었다. 이후 88서울올림픽 경호작전임무를 또다시 맡게 되면서 본격적으로 심도 있는 연구개발을 하게 되었다(본인은 경호학에 대한 학문적 이론을 최초로 정립한 경호실무 원저자이기도 함. 1994년 저술).

　　당시 무예연구를 위해 우리전통무예에 관한 문헌을 포함한 국내외 각종무술책 등을 참고했으며, 대통령경호실 연무관을 방문하기도 했었다. 그러나 기술개발을 위한 참고문헌은 매우 부족했으며. 대통령경호실 연무관마저도 태권도 유도 등을 경호원 교육교과목으로 채택해 수련할 뿐이라 특별히 참고할 만한 것이 없었다.

　　경호무술개발을 위해서는 경호직무환경을 충분히 고려하여 연구하고, 호위적 관점에서 기술을 체계화해야 하기 때문에 경호실무에서 요구되는 지식과 기술을 신체운동의 원리와 등속직선운동의 원리(물체에 힘이 작용하면 물체는 운동 방향이나 속력이 변하는 운동을 하게 됨) 등을 결합할 수 있도록 과학적으로 연구해야 한다. 특히 경호환경은 일격필살의 기술도 요하지만, 적을 일시적으로 신체 및 기선을 제압하여 역습을 차단하는 기술과 공격하는 기술이 적이나 제3자에게 노출되지 않도록 하는 기법이 더 요구되기 때문에, 이 같은 점을 고려하여 가능한 기술을 단순화하고 공격기술 또한 고의성이 노출되지 않도록 착안했다. 그리고 고대로부터 전해 내려오는 경혈(급소)에 대한 공격기법과 신체의 타격이 극대화될 수 있도록 다양한(치기, 차기, 꺾기, 찌르기, 긋기, 잡기, 조르기, 비틀기, 밀치기, 당기기, 던지기) 기술을 착안하고 다음으로 기술 간 결합해 응용할 수 있도록 연구했으며, 무기술을 새롭게 배우지 않아도 맨손기술을 무기술로 전환할 수 있도록 체계화해 짧은 기간의 수련으로도 많은 기술과 응용력을 극대화할 수 있도록 했다.

　　이외로도 적의 칼, 검, 곤, 총, 폭발물과 같은 무기 공격수단에 따라 대응할 수 있는 무기술을 포함해 다양한 급조무기술이 실전에서 자유롭게 사용되도록 창안했다. 이 같은 체계는 다양한 무예 수련단계를 줄여주는 효과로 인해 수련자가 배우고 익히기에 쉽도록 하는 효과도 있다. 그리고 적의 기습공격유형과 다수의 집단적 동시공격유형에 대비해 유효적절하게 대응할 수 있도록 방향전환과 위치이동에 자유롭고 빠르게 하기

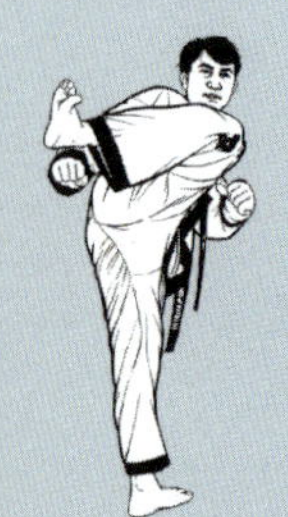

위하여 불필요한 동작을 줄이고 에너지 소모를 최소화될 수 있도록 전환선법체계를 만들었다. 전환선법은 안정된 평형감각을 익히고 전후좌우를 직선, 사선, 곡선으로 짧고 길게 신축성 있게 움직일 수 있도록 체계화했으며, 이를 통해 신법, 두법, 권법, 수법, 족법, 무법을 자유롭게 공방기술로 구현하도록 했다. 즉, 위해기도 자들의 다양한 공격 유형에 신속 정확하게 대응할 수 있도록 착안했다고 할 수 있다. 수련단계 또한 기본 기술을 배우고 그다음으로 기술 간 연결해 혼용하는 방법을 배우고 마지막으로 수준을 높여 응용하는 방법을 배우도록 해 과학적으로 훈련되도록 하였다. 끝으로 수련자가 경호무술을 배우고 익히는데 어렵지 않도록 용법에 맞는 용어를 알기 쉽게 정리하였다. 이처럼 경호무술은 기술의 체계화와 정형화를 완벽하게 구현해 만든 최고의 무예라고 단언한다.

2. 경호무술 태동과 무예발전

무예는 책으로 전해지고 발전되어 내려왔다

무예는 싸움기술로서 상대를 제압하고 적을 살상하기 위한 기술로 발전해 왔다고 할 수 있다. 문헌 속에 담긴 기록에 의하면 무예는 국가적인 차원에서 관리할 정도로 매우 중요시했던 것으로 보인다. 특히 난세에 무예에 대한 중요성을 재인식하고 무예 책을 국가가 직접 편찬해 왔음을 알 수 있다. 우리 민족 무예문헌으로 발견된 무예제보는 임진왜란 직후인 선조 1598년에 편찬된 것이고, 무예제보번역속집은 12년 후인 1610년 광해군 2년에 편찬된 것으로 보아 임진왜란 직후 무예진흥의 중요성이 강조되면서 수년간 집중적으로 연구한 것을 알 수 있으며, 무예도보통지 편찬시점도 정조 14년 때인 1790년 간행된 것으로 군신 간 대립이 극도로 고조되었던 난세의 시기였다.

이 같은 사례는 가까운 중국도 예외는 아니었던 것으로 보인다. 중국의 대표적인 고대 무예서인 무비지를 편찬한 시기도 명나라의 내우외환으로 시대적 암흑기와 같았다. 무비지를 저술한 모원의는 후금 전권에 저항해 싸웠던 인물이다. 특히 여진족과 후금에 대한 적대감이 컸고 이들과 대립하며 무예진흥정책에 심혈을 기울였던 것으로 보인다.

최근 근대사에서도 이와 유사한 점을 발견할 수 있는데 가까운 일본이 제2차 세계대전 전후에 유도, 공수도, 합기도와 같은 책을 집중적으로 출간하였으며, 우리나라에서도 6·25사변 전쟁 직후인 1959년 최홍희 현역장군에 의하여 태권도 책이 출간되었던 점 또한 전쟁과 무관하지 않다.

본인이 저술한 경호무술 또한 사회질서가 문란하고 국제환경 또한 새로운 테러리즘에 의하여 개인의 신변위험이 크게 증가하면서 시대적 필요요구에 의하여 태동하는 배경이 되었다고 할 수 있다. 아울러 이런 관점에서 경호무술을 책으로 집대성하여 표준교범을 출간한 것이다.

무예연구는 국가가 주도(살생술 집중 연구)

이처럼 무예는 시대를 초월하여 권력유지와 국력을 유지하기 위한 수단적 가치로 널리 인식되었고 이로 인해 난세, 전쟁, 치안이라는 공통된 위험에 의하여 무예는 그 대안으로 자연스럽게 연구되었다는 사실이다. 아울러 이 같은 시기에 무예기법을 집중적으로 연구하면서 적을 효과적으로 제압하고 살상시킬 수 있는 기법을 연구하기 위하여 무예연구 전담기구들을 두었음을 알 수 있다. 이 같은 단서는 무예도보통지 기록에도 있다. 무예도보통지 편찬을 정조대왕의 명에 의하여 집필했다는 기록으로 봐서 국가가 전담 기구를 두고 주도적으로 연구케 했음을 알 수 있다.

이 같은 기구에 의한 무예연구는 맨손무예부터 창, 칼, 검, 곤과 같은 다양한 무기무예 의 수련법까지 연구하고 더 낳아가 적을 효과적으로 살상할 수 있는 기법 개발을 위하여 살상력 효과를 보다 극대화하기 위하여 오늘날 화력전, 생화학전, 대테러전 등에 대비해 연구하듯이 당시에도 전문 연구기관을 두고 근접 육박격투전이 비중 있게 치러지던 전쟁의 특성상 이를 체계적으로 연구에 몰두했던 것으로 보인다. 특히 오늘날까지도 전해 내려오는 신체급소인 혈을 연구하기도 했던 것으로 보인다. 그리고 이 같은

연구를 위해 전쟁에서 포로로 잡혀온 적장이나 병사들을 대상으로 다양한 공격기법을 적용해 신체반응과 의식반응 호흡반응 등을 집중적으로 연구했을 것으로 추정된다.

그리고 지금까지 전해지고 있는 무예기법에서 사람을 치는 데는 반드시 그 혈로써 하는데, 훈혈(暈血)·아혈(啞血)·사혈(死血)이 있다. 그 혈을 가려서 가볍게 또는 무겁게 치면, 혹 죽기도 하고, 혹은 혼수상태에 빠지기도 하고, 혹은 언어장애인이 되기도 하는데, 털끝만큼도 차이가 없다는 기록이 있는 것으로 보아 신체 실험에 의한 것이 분명한 것으로 보이며, 당시의 연구들이 상당한 경지의 기법들로 연구되어 체계화되었던 것으로 보인다.

그리고 이같이 개발된 기법은 소수 핵심인물을 중심으로 공유되고 일반인들에게는 전승되지 않았던 것으로 보이고, 이 같은 비술은 왕을 호위하는 호위무사들에게 전승되어 오지 않았을까 하는 생각을 해 봤다. 또한 나라마다 이 같은 연구결과물을 비밀에 부치고 비급술로 전해졌으리라는 것이 본인의 연구결과다.

21세기 무예는 다가치에 의하여 발전

오늘날 현대사회에서는 무예가 전쟁뿐 아니라 범죄 및 테러의 증가 원인으로 개인의 호신적 기능으로 그 역할을 하고 있고 이외에도 국민의 체육 증진과 교육 증진에 이바지하고 있다.

최근에는 다양한 무예대회로 인한 스포츠와 오락 등으로 참여하고 즐기는 새로운 문화로 발전되고 있으며, 더 나아가 무예문화적 예술로 점프와 같은 무예공연으로까지 발전하고 있다. 이처럼 21세기 무예는 다가치에 의하여 다양한 영역으로 더욱 발전하리라 예상한다. 이처럼 대중적으로 수련층이 남녀노소로 확대되면서 보고 즐기고 참여하는 문화로서 새로운 무예문화로서 우리 생활 깊숙이 뿌리내리고 있다. 이 같은 변화는 이미 시작되었다고 할 수 있으며, 단순한 문화를 벗어나 이제는 무예산업으로 볼만큼 그 영역이 이미 전문화되어 있고 시장이 팽배해져 있다.

이처럼 무예가 다양한 계층과 사회에 기여하면서 그 기능과 역할이 확대될 것으로 보이며, 앞으로 경호무술이 무예산업을 주도해 나아갈 것으로 본인은 믿어 의심치 않는다. 옛날부터 전해 내려오는 말 중에 무예를 배우지 않는 사람은 자신의 몸을 귀하게 하지 않는 것과 같다는 말이 있다. 무예는 선택이 아닌 필수로서 우리 생활 속에 깊이 스며들고 있으며, 이로 인해 무예는 앞으로도 변함없이 계속 발전해 나아갈 것으로 보인다.

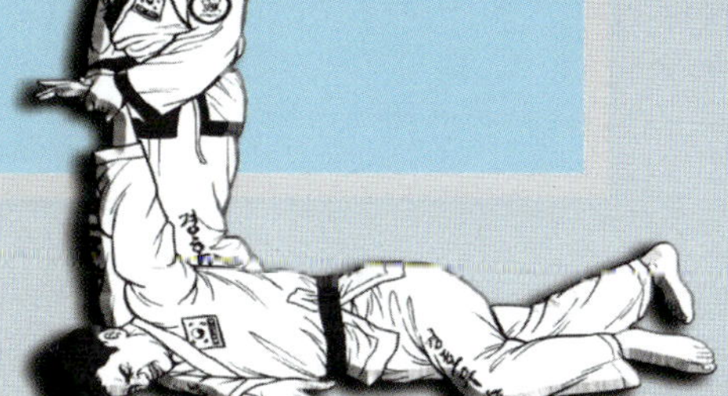

3. 경호무술은 우리 민족의 대표적인 전통무예다

전통무예 복원과 재현

경호무술은 역사적으로 조선시대에 궁중의 군왕과 궁성의 경호를 맡아보던 호위청(扈衛廳)(인조원년 1623년~고종 1894년)의 무예를 현대적 사회 여건과 무기 등 변화된 환경 등을 고려해 경호실무를 기초로 창시자 본인에 의하여 연구개발된 것이며, 전통무예정신을 기초로 체계화하였기 때문에 경호무술은 전통무예의 맥을 계속 발전시킨 것이라 하겠다.

우리나라에서도 많은 무예인이 전통무예를 복원하려고 심혈을 기울여 노력하고 있으나 기술체계에 관한 원형이 거의 남아 있지 않아 복원하기 어려운 상황이다. 따라서 그동안 연구개발된 대부분의 전통무예들은 복원무예라고 하기보다는 재현무예에 가깝다고 할 수 있다. 현재 복원했다고 하는 24반무예를 제외하고 18기, 6기 검법, 본국검, 마상무예 등은 80~90% 이상이 엄밀하게 말하면 유추해 재현한 것으로 복원무예라고 말하기에는 무리가 있다. 그나마 무예도보통지와 같은 실증적인 문헌이 존재하고 있어 재현에 근거가 될 수 있어 다행스러운 일이다.

그러나 그 외 복원무예라고 하는 무예 중 조선세법은 중국 명나라 때 모원의 라는 사람이 <무비지>라는 책에 조선세법(조선에서 배운 검법이라는 뜻)을 소개한 문헌을 근거로 우리의 전통무예를 복원했다고 주장하는 무예도 있다. 국명(國名)으로 사용했던 '조선'이라는 단 두 글자와 도면을 근거해 복원했다고 하는 무예를 과연 복원무예라고 할 수 있을까? 특히 조선세는 무예도보통지 24기 중 1기에 불과하고 무비지 24세 기본자세만으로 복원한다는 것 자체가 불가능하다고 보인다. 그리고 조선세법은 사실상 무예도보통지에 수록된 내용으로 새로울 것이 없다고 생각한다.

고 문헌에서 찾은 1,200년 된 경호무술 발굴

이같이 문헌적인 관점에서 경호무술을 바라본다면 경호무술이야말로 우리 전통무예 중에 가장 역사가 깊고 명확한 전통무예로서 대표할 수 있다고 본다. 물론 무예에 관한 사료가 부족하다 보니 성과가 노력보다 그다지 크지 않았지만 우리 민족 전통무예 경호무술이 있었다고 추정할 만한 문헌을 찾기는 그리 어렵지 않았다. 그러나 안타깝게도 1,300년 전부터 조선 말기까지 호위청에서 비술로 전승되어 오던 경호무술이 일본군에 의하여 단절되었다는 사실을 확인하게 되었다. 다시 말해 문헌을 통해 우리나라도 고유한 경호무술이 있었다는 사실을 알 수 있었다.

그리고 우리나라 경호무술의 역사는 문헌적 근거만으로 본다면. 신라 진덕 5년부터 조선 고종 31년까지 1,200년의 긴 세월 동안 이어온 무예임을 알 수 있다. 왕과 세자 그리고 왕성을 호위하기 위하여 설치되었던 기구들이 우리 역사기록에 고스란히 남아 이를 입증하고 있기 때문이며, 결정적인 단서로는 무예도보통지 저술에 참여했던 백동수 등은 왕의 호위를 담당하던 호위청(장용영)의 호위무사들이었다는 사실이 이를 뒷받침하고 있는 것이다.

고대 신라시대부터 고려시대 조선시대에 이르기까지 왕을 호위하기 위한 전담 기관을 두고 있었음을 문헌을 통해 확인할 수 있었으며. 그 기원과 기관은 신라 진덕 5년(651년)에 설치된 시위부[侍衛府], 고려 명종 9년(1179년)에 설치된 서방[書房], 고종 14년(1227년)에 설치된 도방[都房], 조선 태종 7년(1407년)에 설치된 내금위[內禁衛], 태종 18년(1418년)에 설치된 익위사[翊衛司], 인조(仁祖)원년(1623)에 설치된 호위청(扈衛廳), 정조 1년(1777년)에 설치된 숙위소[宿衛所], 고종 31년(1894) 호위청(扈衛廳) 등이 존재했음을 알 수 있다.

그러나 그 명맥이 하나로 이어졌다고 보기 어렵더라도 인조원년에 설치되어 고종 31년까지 유지되었던 호위청을 기준으로 보더라도 300년의 긴 역사를 유지한 것은 매우 놀라지 않을 수 없다.

일본군에 의하여 사라진 경호무술

조선시대 인조(仁祖)원년(1623)에 군왕과 궁성을 경호하기 위하여 호위4청을 두었고. 이후 현종(顯宗) 때에 호위 3청으로 개편한 후 정조(正祖) 2년(1778)에 호위1청으로 또다시 개편되었다가 고종 31년(1894)에 일본군이 경복궁을 점령하면서 호위청이 강재로 폐지되었다(갑신정변 이후 고종의 갑오개혁에 의한 군제개편으로 호위청이 폐지됨. 신식군대 도입의 일환이라고는 하지만 실상은 일본군 강압에 의하여 고종의 호위친위부대를 해체해 마지막 남은 조선의 왕권을 찬탈한 것이며. 이때 호위무술도 사라지게 됨). 이처럼 호위청에 관한 문헌은 조선왕조실록(인조실록, 정조실록, 고종실록)에 기록되어 전해 내려오고 있으나, 아쉽게도 지금으로서는 호위청에서 수련했던 경호무술원형을 확인할 수 있는 문헌이 발견되지 않았다. 그러나 다행스럽게도 훈련도감이었던 최기남이 편찬한 무예제보 번역속집 권법과 호위무사였던 백동수 등이 편찬한 무예도보통지 권법에 일부 단서가 남아 있어 귀중한 자료가 되고 있다. 그리고 100여 년 전에 일본군에 의하여 호위청이 강제 폐지될 때까지 300년간 이어온 점을 고려할 때 그 역사가 매우 깊은 만큼 매우 뛰어나고 훌륭한 경호무술 기술체계를 유지해 전승됐으리라는 추측이 가능하다.

이같이 고종 31년까지 300여 년간 우리전통무예문화로서 찬란하게 이어져 내려왔을 경호무술에 새 생명을 불어넣어 우리전통무예로서 후대에 훌륭한 문화유산으로 전해지기를 바라는 마음 간절하다. 일본군에 의하여 강제로 사장되어 100여 년간 역사 속에 묻혀 있던 호위무술이 21세기에 찬란하게 경호무술로 부활하기를 기대한다.

4. 무예고서에서 찾은 호위청의 경호무술

무예도보통지는 호위무사가 연구

경호무술연구에 전통적인 맨손무술인 권술, 권법, 공수라고 불리는 무예와 특히 조선 정조대왕 때 발간된 무예도보통지 권법은 본인이 경호무술을 연구하는 데 많은 도움이 되었다. 무예도보통지 편찬에 참여했던 인물 중 백동수 등은 정조대왕을 최측근에서 호위하던 호위청의 호위무사들이었고 이들이 남긴 문헌 속에서 경호무술의 단서를 유추할 수 있었다.

기효신서편에 나오는 권법해를 보면 권법은 수족을 활동시키고, 지체를 단련하니, 이것은 초보사들이 무예에 입문하는 길이다. 그리고 각종 무기술은 권법으로 몸을 움직임에서부터 유례하지 않는 경우가 없으매, 권법이란 것은 무예의 근원이다. 이렇게 기록되어 있다. 본래 무예는 권법, 즉 맨손무예를 제대로 익혀야 곧, 창, 칼, 검과 같은 무기술을 연마하는 데 어려움이 없다고 했다. 권법은 모든 무예수련에 있어서 그 기본이 된다고 강조됐으며, 이 같은 맨손무술은 적의 기습공격에 흔하게 벌어질 수 있는 경호 환경에서는 더욱 중요시된다고 할 수 있다.

오늘날 전통적인 무예를 연구하기 위해서는 고 문헌을 참고해 연구해야 하는데, 대부분 무예 관련 문헌은 조선실록으로 무예에 대한 발언록이 대부분이고 고 군사서에 나오는 유사자료 또한 군 전략 전술과 같은 내용으로 수록되어 무예원형에 대한 연구에는 큰 도움이 되지 못하는 것이 사실이다. 이렇듯 무예를 참고할 만한 고 문헌이 그리 많지 않은 상황에서 조선 광해군 때에 발간된 무예제보번역속집과 조선 정조 때에 발간된 무예도보통지만이 유일한 무예참고서라고 할 수 있다. 물론 역사적으로도 국내 유일본으로 사료적 가치로 볼 때 매우 중요한 가치를 지녔다고 할 수 있다. 그리고 무예서적에 나오는 여러 무예기법 중에서도 특히 권법을 참고해 연구하면서 새로운 사실을 알게 되었고 기술 및 기술체계에 대한 기술정립의도를 유추할 수가 있었다.

무예도보통지가 현재 남아 있는 무예교재로서는 최고 수준의 것만큼은 사실인 것으로 보인다. 그러나 본인이 연구해본 바로는 최고수준의 무예는 아니라는 결론을 얻었다. 물론 오늘날의 무예 수준과 비교한다면 더욱 그렇다고 할 수 있다. 그렇다면 왜 낮은 수준의 권법을 무예도보통지에 기술해 놓았을까? 궁금하지 않을 수 없다.

그동안 다른 무예인들의 연구는 무예도보통지 무예를 복원하려는 데 문헌에 있는 원형기록이 부족하고 도해가 정지된 장면이어서 연결동작을 알 수 없고 해설 내용 또한 예측하기 어렵다 보니 복원에 한계를 느껴 현란하고 화려한 동작 위주로 재현하려고 노력한 흔적들이 많이 나타난다. 이 같은 특징은 검술 등에서 두드러지게 나타나는 것으로 보인다. 그러나 본인은 우선 다른 무예인들과는 달리 무예도보통지 속에 호위적 관점에서 우리의 전통적인 경호무술이 어디에 그 단서가 남아 있지 않을까 하는 생각으로 무예제보번역속집과 무예도보통지에 기술된 권법에 주목하게 되었다.

특히 정조 대왕 어명에 의하여 무예도보통지 저술에 참여한 인물들이 정조를 최측근에서 호위하던 호위무사들로 구성된 점을 들어 당시의 경호무술 단서를 찾을 수

있을 것이란 생각을 하게 되었다. 아울러 달라진 현대적 경호환경에서 필요한 경호기법과 무예의 원리라도 경호무술은 그 기본 원리는 같지 않았을까 하는 호기심도 작용했다. 물론 경호환경이 아니더라도 권법은 변화된 시대적 환경에서도 여전히 맨손무술의 필요성이 강조되기 때문이다. 과거와는 달리 고전적인 칼, 검 무기체계와는 달리 현대화된 다양한 총기류와 폭발물 등으로 새로운 경호기법이 요구되기는 하지만 상대적으로 다른 위협수단 및 수준에 따라 맨손무술이 필요한 환경도 여전히 존재하기 때문이다. 그리고 무예자세와 체계는 물론 교육훈련을 염두에 두고 당시에 설정된 수련체계 및 수준설정은 어떻게 구성했는가 하는 관점에서 접근하려고 노력했다. 교육훈련이란 가르치고 배우는 관계가 설정되고 그 대상의 수준과 훈련의 목표를 설정했으리라는 추정을 했고, 이 같은 문제는 오늘날에도 꼭 필요한 설정이기 때문이다. 무예의 비술이나 비법을 확인하기 위해 연구를 시작했지만 무예문헌을 보면서 교육훈련 체계와 원리 교육훈련의 목표설정 등에 더 관심을 두었다고 할 수 있다.

무예도보통지 권법

무예도보통지를 저술한 이들은 당대 최고의 무예전문가라고 할 수 있는 이덕무(李德懋) 박제가(朴齊家), 백동수(白東修) 등이었다. 다른 군사서적들이 전략·전술 등 이론을 위주로 한 것임에 비해 이 책은 무예동작 하나하나를 그림과 글로 해설한 실전 훈련서라는 특징을 지닌다. 그러나 동 권법에 대한 기술체계에 대한 원형을 모두 이해하기에 매우 어렵다고 할 수 있다. 무예동작 그림에 해설이 붙어 있기는 하지만 동작이 연결되어 있지 않고 해설 또한 대부분 특정자세에 대한 고유 명칭이 존재하고 있는데 정지된 기초자세로서 다른 동작으로 이어지는 자세를 이해할 수 없기 때문이다. 무예도보통지 권법에 등장하는 34개의 자세명칭(탐마세(探馬勢), 요란주세(拗鸞肘勢), 현각허이세(懸脚虛餌勢), 순란주세(順鸞肘勢), 칠성권세(七星拳勢), 고사평세(高四平勢), 도삽세(倒挿勢), 일삽보세(一霎步勢), 요단편세(拗單鞭勢), 복호세(伏虎勢), 하삽세(下挿勢), 당두포세(當頭砲勢), 기고세(旗鼓勢), 중사평세(中四平勢), 도기룡세(倒騎龍勢), 매복세(埋伏勢), 오화전신세(五花纏身勢), 안시측신세(雁翅側身勢), 과호세(跨虎勢), 구유세(丘劉勢), 금나세(擒拿勢), 포가세(抛架勢), 접주세(拈肘勢), 나찰의출문가자변하세(懶扎衣出門架子變下勢), 삽보세(霎步勢), 단편세(單鞭勢), 금계독립세(金雞獨立勢), 지당세(指當勢), 개정법(箇丁法), 수두세(獸頭勢), 신권(神拳), 일조편세(一條鞭勢), 작지용하반퇴법(雀地龍下盤腿法) 조양수편신세(朝陽手偏身勢))이 존재하지만 지금으로서는 대부분 명확하게 해석할 수도 없다.

다만 무예제보와 중국의 무비지 및 기효신서에 나오는 도면 그림과 해설을 참조해 유추할 수 있는데 명칭과 자세가 약간씩 변형되어 확신할 수 없다. 다만 특징적인 것은 무비지에서 권법을 소개하기를 권법은 32세로 구성되어 있고 세마다 이어져서 변화가 무궁하여 미묘함이 헤아릴 수 없으니 깊도다. 어느 경지에 오르지 못하면 아무리 궁리해도 알지 못함으로 신(神)이라 부른다고 소개되어 있다. 무예도보통지 권법은 중국의 무비지권법세를 거의 그대로 도입하면서도 무비지 권법과는 달리 병사들 교육훈련에 필요한 표준형을 제시한 것으로 보인다. 그러나 권법이 지금의 태권도처럼 길게 이어진 품세와 달리 간결하게 구성되었고 간결하게 구분된 권법동

작을 다른 권법동작과 연결되도록 구성해 배우고 또 익히기 쉽고 실전에 응용이 쉽게 체계화된 것으로 보인다.

무예제보번역속집 권법편에 보면 자세명칭이 42개 기본자세가 나오지만, 무예도보통지에는 34개의 기본자세만 나온다. 그리고 무예제보 권세총도를 보면 무예도보통지의 간결한 권법과는 달리 지금의 품세처럼 길게 이어진 권법형으로 이루어져 있다. 그리고 중국의 문헌들을 살펴보면 발차기 수련법만 해도 18가지나 되었다고 기록되어 있으나 무예도보통지 권법에서는 발차기를 거의 볼 수가 없다. 역시 현재나 과거나 발차기는 여전히 고난위 기술이었던 것으로 보인다.

권법을 간결하게 구성한 이유

중국 고서 영파부지(寧波府志)에 이르기를, "소림법(少林法)은 사람을 치고 솟구치며 뛰며 분기하여 뛰어넘는 것을 위주로 하는데, 혹 잃어버리고 소홀히 되었다. 때문에 가끔 사람들이 꾀하는 바가 되었다.

송계법(松溪法)은 적을 방어하는 것을 위주로 하며 곤액(困厄)을 당하지 않으면 술법을 발휘하지 않는다. 발휘하면 마땅히 반드시 쓰러뜨리는바 가히 꾀할 틈을 없게 한다. 사람을 치는 데는 반드시 그 혈로써 하는데, 훈혈(暈血)·아혈(啞血)·사혈(死血)이 있다. 그 혈을 가려서 가볍게 또는 무겁게 치면, 혹 죽기도 하고, 혹은 혼수상태에 빠지기도 하고, 혹은 언어장애인이 되기도 하는데, 털끝만큼도 차이가 없다. 더욱이 신비한 것은 경(敬)·긴(緊)·경(徑)·근(勤)·절(切)의 다섯 자 비결은 입실(入室) 제자가 아니면 서로 전수하지 않으니, 대개 이 다섯 자는 일반적으로 쓰지 않고, 그 쓰임을 신비하게 하는 바 오히려 병가의 인(仁)·신(信)·지(智)·용(勇)·엄(嚴)과 같다고 할 것이다."라고 쓰여 있다. 당대 조선최고의 무예전문가라고 할 수 있는 이덕무(李德懋) 박제가(朴齊家) 백동수(白東修) 등이 이를 모를 리 없었다고 본다. 이들은 정조대왕의 어명에 의하여 왕명에 의하여 움직일 수 있는 호위청, 이후 정조대왕의 장용영친위군대를 확대 개편했다.

정조는 자라면서 아버지인 사도세자가 뒤주 속에 갇혀 죽는 광경을 목도해야 했고 이후 자신이 권좌에 오르고도 실권을 장악하고 있던 노론에 의하여 자신이 갖고 있던 정책을 마음대로 펼칠 수도 없었으며, 즉위 이후 연달아 일어난 세 번의 암살기도 등에 의하여 신변위협을 크게 느낀 정조대왕은 자신을 호위하던 호위청, 숙위소, 장용위, 장용영 등으로 새로운 금위체제에 따라 조직, 개편하여 노론의 사병이나 다름없었던 기존 5군영에 대항할 수 있는 왕의 친위부대인 장용영을 확대해 왕권 강화를 시도했다.

당시 호위청은 300여 명 내외로 최소한의 호위무사로 구성된 부대로서 노론이 군대의 전권을 장악한 5군영에 대항하기에는 턱없이 부족할 수밖에 없었다. 그래서 단순히 왕을 호위하는 호위부대를 뛰어넘어 왕권을 강화할 수 있는 군대를 육성해 노론이 장악한 5군영에 대항할 수 있는 친위부대를 목표로 했던 것으로 보인다. 이 같은 임무를 장용영장교 백동수에게 주어졌고, 병사들에게 효율적으로 훈련할 수 있는 수준의 권법을 체계화하는 과정에서 200여 년간 이어져 내려온 호위청의 비술[祕術]인 경호무술이 기초가 되었다고 보인다. 그러나 이들에게 모두 익

히게 하는 데에는 여러 어려움이 있었을 것으로 보인다. 특히 중국에서 전해 내려왔다는 경(敬)·긴(緊)·경(徑)·근(勤)·절(切)의 다섯 자 비결은 입실(入室) 제자가 아니면 서로 전수하지 않은 것처럼 이에 버금가는 조선의 호위청의 비술[祕術]은 국가 기밀사항으로 보안 취급되어 일반노출은 꺼렸을 것으로 보이며, 또한 일반병사들에게 호위청의 비술을 가르친다고 해도 고난도의 수련을 위해서는 장시간의 수련기간과 타고난 신체조건 등이 전제되어야 체득 가능한 매우 어려운 고난도 무예였을 것으로 보인다. 아울러 수련과정 또한 누구나 가르친다고 체득하거나 배울 수도 없었을 것이다.

따라서 시간도 많지 않을뿐더러 고난도의 비술을 체득할 만한 타고난 신체조건(운동신경)의 병사들을 확보하기에도 어려움이 컸을 것으로 보이며, 특히 노론의 사병에 맞설 수 있는 정예 병력을 짧은 시간 안에 양성하기 위해서는 습득하기 쉬운 낮은 수준의 기술체계 수련단계로서 실전력 있는 제압기술 위주로 체계화와 정형화에 힘썼을 것으로 추정된다. 이 같은 사실은 그림과 해설용어 등으로 짐작할 수가 있다.

무예도보통지의 권법에서는 명나라 중엽에 소림권법처럼 솟구치며 뛰며 분기하여 뛰어넘는 동작을 찾아볼 수가 없다. 그리고 무예제보번역속집에 나오는 복잡하고 힘든 자세로 이루어진 권법형도 없으며, 중국문헌에 나오는 18가지 발차기도 거의 발견할 수가 없다. 무예도보통지에 기술된 그림과 해설내용을 참고해 볼 때 짧은 시간으로도 습득할 수 있고 타고난 신체기능(운동신경)이 없어도 충분히 체득할 수 있도록 보통의 낮은 수준의 기술체계가 무예도보통지 권법의 특징이라고 할 수 있다. 그림에 등장하는 시현인물을 보면 체격이 우람한 것을 알 수 있다. 그리고 배가 나오고 많은 동작에서 손동작이 대부분으로 구성되어 있다 이것은 중국의 내권기술 중 상대의 급소공격 위주로 권법체계를 갖춘 것으로 보이고 그림에 등장하는 발차기는 족장밀어차기자세로 발차기 중 가장 손쉬운 동작이면서도 가장 유용한 발차기이다. 직선으로 다가오는 적의공격으로부터 허리 몸통 높이로 발을 낮게 들어 올려 뻗어 차는 동작으로 방어에 쉬운 발차기이면서 적을 창이나 칼, 검 등의 무기로 찌른 후 무기를 신속하게 뺄 때 사용될 수 있는 가장 효과적인 발차기인 셈이다.

그리고 권법동작이 간결해 일격필살로 적을 단번에 제압하고 이에 실패했을 때에는 다른 권법자세를 이어 혼용해 공격하게 한 점은 매우 실용성이 뛰어난 권법이다. 동 권법은 일반병사들을 교육훈련하기에 적절한 체계로서 그 어떤 무예나 권법보다도 과학적으로 연구된 매우 훌륭한 군 권법이라고 말할 수 있다. 만약 이와 같은 권법이 아닌 소림권법과 같이 현란한 권법체계를 그대로 도입되었거나 오늘날의 태권도처럼 복잡한 품세체계와 고난도의 발차기를 갖추고 있었다면 실용적인 군사무예가 되지 못했을 것으로 보인다. 호위청의 호위무사들만이 수련했을 것으로 보이는 비술[祕術]인 경호무술을 병사들에게 가르치려 했다면. 더더욱 문제가 되었을 것으로 보인다.

호위청 경호무술의 단서?

무예도보통지에 기술된 권법은 호위청의 호위무사들이 아니었다면 일반 병사들이 배우고 가르치고 익히기 쉬운 권법체계를 연구하지 못했을 것으로 생각한다. 이 같은 결과는 당시 200년간 지속하여온 호위청의 비술[祕術]인 경호무술이 전해 내려왔기

때문으로 보인다.

무예도보통지를 연구해 경호무술에 적용한 부분은 권법동작의 간결성과 혼용성 부분으로 어떻게 보면 잊혀진 경호무술의 단서를 무예도보통지 권법을 단서로 유추해 역해석할 수 있었다고 본다. 호위청에서 수련했을 비술[祕術]인 경호무술이 호위무사였던 백동수 등에 의하여 무예도보통지에 그 단서를 남겼고 본인에 의하여 발견되어 경호무술을 완성하는 데 큰 도움이 되었다고 할 수 있다.

무예도보통지에 기록된 권법 동작의 간결성과 혼용성을 단서로 맨손동작에 칼, 검, 곤무기의 혼용과 응용으로 경호무술에 적용해 체계화했다. 물론 무예도보통지 권법과는 달리 소림권법처럼 솟구치며 뛰며 분기하여 뛰어넘는 고난도 동작 등도 조선 특유의 독창적인 체계로 호위청의 호위무사들에게 비술[祕術]로 수련되고 전승됐다고 보이며, 이 같은 고난도의 기술도 유추해 적용했다. 무예도보통지 권법체계는 기초기술로서 비술[祕術]의 단서라고 생각한다. 이를 뒷받침할 수 있는 것이 1610년 광해군 2년에 훈련도감 최기남에 의하여 편찬된 무예제보번역속집에 더 확실하게 나타난다. 무예제보번역속집은 중국의 기효신서의 권보50과 새보전서의 송태조 권법 32를 보충하여 새롭게 권보 42로 체계화한 것은 조선 특유의 무예로 발전되어 있었음을 알 수 있다. 이 같은 단서로 기술체계를 재현해 변화된 현대적 환경에 맞도록 새롭게 창안하여 이미 없어지고 잊혀진 우리 민족 전통무예를 계승발전시키고 조선시대에 존재해 왔던 호위청의 호위무사들이 익혔을 비술[祕術]을 100여 년이 지난 지금 호위청의 경호무술을 유추 재현해 오늘날의 현대적 창시 경호무술을 완성하게 되었다.

5. 경호무술 창시 20년사

1986 4.   708특공대(경호부대) 군 복무 중 86서울아시안게임과 88서울올림픽게임 경호작전임무
            계기로 창시자장명진선생에 의하여 독자적으로 경호무술연구 시작

1992 2.16 경호무술작명(경호직무수행에 필요한 지식과 기술)교안 완성
      2.16 국제경호협회 설립(고유번호 : 204-82-69117)
      3.21 국제경호아카데미 설립(사업등록번호 : 216-95-04418 현유지)
      5.20 국제경호협회 경호무술 인증기관 지정(지부인증 지정)
      8.20 중랑경찰서 신내파출서 형사 및 경찰 경호, 경호무술 사용자제 요청

1993 4.18 학원설치운영에 관한 법률에 경호교육(경호무술)을 포함하는 개정안 교육부에 건의
      12. 1 교육부 대학행정지원과 경호교육(경호무술교과) 자문 지원
      12. 4 경호실무 연구 보완

1994 4.15 국제경호시스템(경호전문회사-주식회사 탐경 법인전환)설립
      4.20 국제경호협회 중랑지부 설립(지부장 변만균)
      9.29 국제경호협회 서울특별시 사회단체 신고(신고번호 : 제504호)
      10.10 서울지방경찰청 수사과 창시자 연행 대통령경호실법 관명사칭위반
            (제5조 경호시 : 경호관을 경호원이라 칭한다)조사
      10.24 경호무술세미나 1회 개최(무술체육관 관장, 사범대상 24명)
      11. 4 출판사 등록(등록번호 : 제18-49호. 국제경호출판사)
      11.15 경호실무(경호무술 교과 포함)출판(등록 : 제18-49호, 저작권등록번호 : 제C-2005-000737호)
      11.17 경호호신법을 경호운전술법,경호사격술법,경호무술로 재 정립
      11.18 실무자 경호무술교수법 연수 개최(국제경호협회본부장, 예비지부장대상)
      11.20 국제경호아카데미 경호원중급, 고급 양성과정 경호무술 인증

1995 2.18 국제경호협회 노원지부 설립(지부장 강영재)
      2.25 1995년 상반기 경호무술지도자 교육수료(12명)
      2.26 국제경호협회 강원본부 설립(본부장 이승일)
      3. 7 무술협회, 체육대학에 경호실무책 400여 권 증정
      4. 1 국제경호협회 마포지부 설립(지부장 장용진)
      4. 4 국제경호협회 충주지부 설립(지부장 이근학)
      4.15 월간신동아 5월호 경호무술 기사게재
      4.29 국제경호협회 동해지부 설립(지부장 김동준)
      5.17 전국치안봉사활동 사업시행(200명 참가)

5.20　국제경호협회 용인지부 설립(지부장 박장기)

6. 1　국제경호협회 장흥지부 설립(지부장 박대순)

7.24　국제경호협회 인천지부 설립(지부장 안창영)

7.29　국제경호협회 강릉지부 설립(지부장 함동천)

9. 2　국제경호협회 횡성지부 설립(지부장 신대선)

9.30　교육부 대학 행정지원과 경호 및 경호무술학과 설립인가 자문지원

10.12　학원폭력예방운동 봉사 참여(학원폭력예방재단)

11. 4　청원경찰 보수교육 강사지원 사업시행(6명)

12. 5　학교폭력퇴치법 경호무술 시범 스포츠서울 7일자 신문기사 게재

1996　1.15　국제경호아카데미 주최 학교폭력추방 호신술대회(4일간)-월드태권도기사게재

2.14　백혈병어린이돕기 헌혈운동 참여(헌혈증서 250장 적십자사 기증)

2.20　국제경호협회 아산지부 설립(지부장 차민철)

3. 4　경호무술세미나 2회 개최(국제경호협회본부장, 지부장대상)

3.20　국제경호협회 구리지부 설립(지부장 김광기)

4.15　국제경호협회 강남본부 설립(본부장 석기영)

4.16　여성경호원 경호무술시범-월간 연합 5월호 기사게재

4.20　학원폭력상담실 사업운영 시행(콜센터 전국 23개 지부 참여)

6.17　주식회사 탐경 법인설립(국제경호시스템을 법인으로 전환 및 사명 변경)

6.24　서울경찰청 경호서비스 제73호 허가 최초

7. 8　국제경호협회 업무표장 등록(출원번호 제94-000055호)

7.22　국제경호협회 부산남구지부 설립(지부장 김창남)

8. 9　경호무술세미나(8.9~8.17 일본 고송싼타빌)무술신문 26일자 보도게재

9. 4　학원폭력 예방을 위한 경호무술지도(한국학원폭력예방운동재단)

9. 6　국제경호협회 전주지부 설립(지부장 봉필환)

9.15　경찰청 경호무술 지도(경찰청 직원, 청원경찰 등)

9.15　쌍용그룹 경호원 경호무술지도(마포구 쌍용연수원)

9.23　국제경호협회 인터넷 홈페이지 경호무술교실 개설(동 산업계 최초 ibga.co.kr)

10. 2　한국 특급호텔 안전관리실장협의회 교류 협정(12개 호텔)

11. 5　경호실무(경호무술) 개정 출판(등록 : 제10-1307호)

11.23　국제경호협회 강북본부 설립(본부장 손상철)

12.10　대학교 및 무술협회, 정부관계기관에 경호실무책 400여 권 기증

1997　1.15　국제경호협회 서비스표등록(출원번호 제94-008342호)

3. 6　충청대학교, 서일대학교육원, 한서대학교 교육원(경호학과) 등 경호무술 인증기관
　　　　지정

4.23 KBS아카데미 경호원 양성과정 경호무술 인증기관 지정

6.20 경호원교육훈련 경호무술시범-범죄예방신문 기사게재

7. 1 국제경호아카데미 경호원 초급(3급) 양성과정 경호무술 인증

8.20 서울지방경찰청 수사과 창시자연행 대통령경호실법 위반 종로경찰서 수감 무혐의처리
     (위반 내용 관명사칭 죄 대통령경호실법 제5조 경호사 경호관을 경호원이라 칭한다.)

9.18 중화인민공화국 연길시공안국 보안전문대학 교육훈련 교류협정

11.14 경호학과 및 체육학과 경호실무책 500여 권 기증

1998 3. 1 비영리 경호무술단체발족(가칭 장명진경호무술)

3.13 경호무술아카데미(현, 장명진경호무술지도자연수원) 개설

4. 1 국제경호협회 경호자격제도(경호원, 경호사) 교과 및 자격검정시 경호무술을 전공무술 규정

4. 7 매일경제 Hello Job 취업정보 및 교육훈련 교류협정

6.26 자격증박람회 참가(테크노마트)

9.18 사단법인 한국직능단체총연합회 가입(직능경제인지원에관한법률 법정법인 경제단체)

10.18 경호무술-주간조선 11.5 일자 주간지 기사게재

11.20 대한민국인명록 장명진 창시자 등재(경호무술 창시자 소개-각종 포털사이트 인물검색 제공)

12.15 경호학과 및 체육학과, 무술협회, 경찰, 교도대, 군부대 경호실무책 400여 권 기증

1999 3.20 경호실무(경호무술) 개정 출판(등록 : 제10-1307호)

7.16 종근당 경호원 위탁 경호무술지도(국제경호아카데미)

7.20 경호무술 자격평가제도 신설

7.20 경호무술 승단규정제도 신설

8. 4 아르헨티나 국제시큐리티 세계본부 교류협력 협정

9. 7 국제직업기술교육박람회 참가(무역센터)

12. 3 (주)탐경 경비업법에의거 경비원신임교육위탁기관지정 경호무술교과 인증지정

2000 3. 2 경호무술단증 발급 시작(자격평가제도 실시)

4. 6 장명진창시자 청와대 초청 방문(김대중 대통령 접견)

5.10 경호무술지도자 자격 발급시작(자격평가제도 실시)

7.12 선문대학교 국제경호무도학부 학생 경호무술 위탁교육실시(장명진경호무술원)

10.01 국제경호협회 경호직무전공학과 대상 인증교육기관지정제도 시행을 위한 경호무술 교과 승인협약
     (2009년 현재 전국 41개 대학 경호직무전공학과에 경호무술 전공교과 인정 승인-승단&지도자자격)

12. 3 경찰, 군부대, 경호학과 등 경호실무책 500권 기증

2001 1. 9 경호원 경호무술 시범단 시범-유행통신 2001. 2월호 보도게재

4. 3 전국 30개 대학(교)(경호학과)에 경호실무 책 100권 기증

5.17 전국 6개 대학교 사회교육원(경호학과)경호실무 책 20권 기증

6.20 경호실무(경호무술) 개정 출판(ISBN : 89-8337-096-3)

7.14 선문대학교 국제경호무도학부 경호무술교과 채택(국제경호협회 인증교육기관 지정)

7.14 경북전문대학 경찰경호행정과 경호무술교과 채택(국제경호협회 인증교육기관 지정)

9.14 서남대학교 경호학과 경호무술교과 채택(국제경호협회 인증교육기관 지정)

9.20 경북외국어테크노대학 경호레포츠계열 경호무술교과 채택(국제경호협회 인증교육기관 지정)

10.06 인터넷 사이버강의 경호무술 유료 교육서비스 제공(ibga.co.kr)

10.23 서라벌대학 경호레프츠과 경호무술교과 채택(국제경호협회 인증교육기관 지정)

10.23 대구미래대학 경찰행정과 경호무술교과 채택(국제경호협회 인증교육기관 지정)

10.23 대구과학대학 경호과 경호무술교과 채택(국제경호협회 인증교육기관 지정)

10.26 부산정보대학 안전관리과 경호무술교과 채택(국제경호협회 인증교육기관 지정)

12.11 서해대학 경찰경호행정과 경호무술교과 채택(국제경호협회 인증교육기관 지정)

2002 1. 2 경호원이 수련하는 경호무술 시범 - 에꼴 월간지 1월호 기사게재

2. 1 초당대학교 경호비서학과 경호무술교과 채택(국제경호협회 인증교육기관 지정)

3.18 경북과학대학 경호경비경영학 경호무술교과 채택(국제경호협회 인증교육기관 지정)

4. 3 서해대학 경호무술 유단자 특례입학 산학협약 체결(본 사무국)

4. 6 2002한일월드컵 코리아서포터즈 공식후원단체 지정

4.15 국가정보원 직원 대상으로 경호무술 시범(경호무술원)

5.16 진주대학 사회체육경호안전과 경호무술교과 채택(국제경호협회 인증교육기관 지정)

6.26 성덕대학 경찰경호행정과 경호무술교과 채택(국제경호협회 인증교육기관 지정)

7.12 국제경호협회 정기학술세미나 참가 (서울리베라호텔 제우스홀)

7.12 제1회 경호무술세미나(리베라호텔) 개최(전국 경호, 경찰전공 교수 및 무예원로)

7.23 경동정보대학 경호과 경호무술 채택(국제경호협회 인증교육기관 지정)

8.23 영동대학교 경찰경호무도학과 경호무술 채택(국제경호협회 인증교육기관 지정)

8.31 제주관광대학 산학협약 체결(본 사무국)

9. 6 한세대학교 경찰행정학과 경호무술 채택(국제경호협회 인증교육기관 지정)

9. 6 제주관광대학 관광스포츠계열 경호무술 채택(국제경호협회 인증교육기관 지정)

10. 1 제5회 충주세계무술축제 경호무술 홍보 참가

10.10 아시아나항공 경호무술 책 기증

10.16 장명진경호무술 인터넷 홈페이지 회원 온라인 경호무술교실 개설

11.18 혜천대학 산학협약 체결(본 사무국)

11.28 혜천대학 경찰경호과 경호무술 채택(국제경호협회 인증교육기관 지정)

12.31 경호무술창시자 장명진회장님 공적 대통령표창 수상

2003 1. 7 대구미래대학 경찰행정과 경호무술 채택(국제경호협회 인증교육기관 지정)

2.15 경호실무(경호무술개정) 개정 출판(ISBN : 89-8337-096-3)

3. 7 관악구청 청소년대상 경호무술세미나 개최

4.30 동강대학 법률경찰경호계열 경호무술 채택(국제경호협회 인증교육기관 지정)

5. 3 경호무술세미나 개최(무술지도자 8명)

6.25 6·25전쟁기념식 용산전쟁기념관 경호무술 시범

7.14 SBS위기탈출 수호천사 경호무술편 특별출연 방영(시범단 시범 및 지도)

8. 5 경호무술창시자 경호무술시범-세계일보 기사게재

8.10 경호무술 단행본 출판(ISBN : 89-954410-0-3, 저작권등록번호 : 제C-2005-000737-2호)

8.12 경호학과, 체육학과, 경찰, 경호경비회사 경호무술책, 경호실무책 400권 기증

8.30 제2회 국제경호협회 정기학술세미나(학술진흥재단 학술기관코드 : 8B2497) 경호무술 주제발
표(서울리베라호텔 15층 피어니스홀)

9.11 ITV 충전100 건강을 잡아라! 경호무술 편 특별출연 방영(시범단 시범 및 지도)

9.18 부산방송국 직업의 세계 특별출연 경호무술 소개

9.21 경문대학 경호무술 인증기관 지정(단증 발급)

9.22 상반기, 하반기 2회 경호무술세미나 개최(무술관장 및 경호학과 교수대상)

9.24 삼성그룹 경호팀 경호무술 교육 (용인 금호연수원 1주일 집체교육 200명)

10. 1 취업교육 및 자격증 정보박람회 참가(코엑스)

10. 6 한·미 친선 사절단 미국 파견(한미동맹 50주년 참가)

10. 6 국립민속박물관 전통무예현황조사 경호무술 장명진 창시자 등재

10.11 통합 웹데이터베이스 NHN 업무협정(포털전문자료 경호무술공개제공)

11. 3 성화대학 비서경호과 경호무술 채택(국제경호협회 인증교육기관 지정)

12.30 대경대학 경찰행정부 경호무술 채택(국제경호협회 인증교육기관 지정)

2004 2. 7 경호실무(경호무술) 개정 출판(ISBN : 89-85272-95-0)

5.20 군장대학 경찰경호과 경호무술 채택(국제경호협회 인증교육기관 지정)

5.27 동의공업대학 경찰경호과 경호무술 채택(국제경호협회 인증교육기관 지정)

6.25 전북과학대학 경찰경호행정과 경호무술 채택(국제경호협회 인증교육기관 지정)

8.14 경호자격규정집(경호무술검정) 출판(ISBN : 89-954410-2-X, 저작권등록번호 : 제C-2005-000739호)

8.25 진주국제대학교 경찰복지행정학부 경호무술 채택(국제경호협회 인증교육기관 지정)

8.28 제3회 국제경호협회 정기학술세미나(학술기관코드 : 8B2497) 경호무술 2편 주제발표
(프리마호텔 2층 에메랄드홀)

8.23 진주국제대학교 산학협약 체결

10. 1 제7회 충주세계무술축제 경호무술홍보 참가

10. 5 경호무술 2004 개정판(1704p) 출판(ISBN : 89-954410-1-1, 저작권등록번호 : 제C-2005-000738-2호)

10. 5 청주전국체전 경호무술홍보 참가

10.27 대전엑스포 세계태권도대회 경호무술홍보 참가

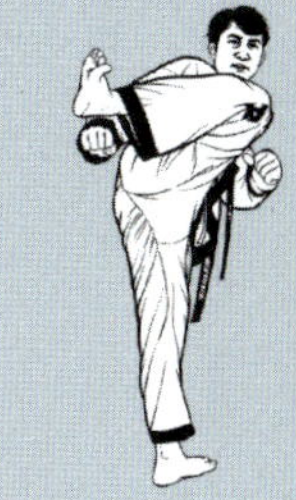

11. 5 전통무예세미나 '한국무예의 역사성과 인접학문' 참가(국립민속박물관 대강당)

11.24 전국대학교 대학도서관, 경호관련학과 및 교수 경호무술책 800여 권 증정

12. 6 육군 특수전사령부 경호무술책 증정(교육실장) 및 경호무술 채택 협의

12.17 경북과학대학 산학협약 체결

2005 1. 3 동부산대학 경호과 경호무술 채택(국제경호협회 인증교육기관 지정)

1.13 대통령경호실 경호무술 책 증정

2.11 KBS 세상의 아침 경호무술 시범단 시범 방영

2.17 두산동아백과사전 경호무술창시자 장명진, 정의, 기원, 어원등재

4.19 경동대학교 경호경찰학부 경호무술 채택(국세경호협회 인증교육기관 지정)

4.25 MBC 네 꿈을 펼쳐라 경호원양성과정 경호무술 교육훈련 지도 및 방영(5회 5주)

4.25 경호원자격검정 문제집(경호무술출제) 출판(ISBN : 89-954410-4-6, 저작권등록번호 : 제IC-2006-003544호)

8.15 경호직무능력표준(경호무술표준안) 출판(ISBN : 89-954410-6-2, 저작권등록번호 : 제IC-2006-003543호)

8.27 제4회 국제경호협회 정기학술세미나(리베라호텔 15층 피어니스홀) 경호무술주제발표

9.20 창신대학 경찰행정과 경호무술 채택(국제경호협회 인증교육기관 지정)

9.30 신성대학 경호무술전공 경호무술 채택(국제경호협회 인증교육기관 지정)

10. 1 제8회 충주세계무술축제 홍보 참가

10. 7 MBC 내 친구들의 세상 제402회 경호무술편 방영(경호무술 어린이 시범단 시범)

10.25 경일대학교 경찰경호학부 경호무술 채택(국제경호협회 인증교육기관 지정)

11.21 전국 도서관 및 청소년 문화시설 경호무술 책 500여 권 증정

11.24 EBS 직업탐구(경호원)자문 및 자료제공

11.27 KBS추적60분 자료제공 및 인터뷰

12. 1 대구산업정보대학 경찰행정과 경호무술 채택(국제경호협회 인증교육기관 지정)

12. 3 전국 경찰행정학생연합회 무술대회 후원

12. 3 국무총리실 국가재난관리본부 창시자 장명진회장님 자문위원 위촉

12. 7 대구산업정보대학 산학협약 체결

2006 2. 1 파스칼세계대백과사전 경호무술 및 창시자 장명진, 정의, 기원, 어원 등재

3.13 초당대학교 창시자 초청 경호무술 강의

4. 1 서강전문학교 경찰경호과 경호무술교과 채택(국제경호협회 인증교육기관 지정)

4.12 브리태니커백과사전 창시자 저술 경호무술 인용 경호무술 등재

4.27 우석대학교 경찰행정학과 경호무술 채택(국제경호협회 인증교육기관 지정)

5.17 대구미래대학 경호무술 교육

5.26 안동과학대학 경호경찰과 경호무술 채택(국제경호협회 인증교육기관 지정)

6. 2 (주)내일신문-대학내일 직업연구(경호원) 기사자료자문 및 자료 제공

7.13 전문직업탐구/소개(경호원)-수원지역 청소년문화의집

8.19　제5회 국제경호협회 정기학술세미나 (프리마호텔 10층 스카이홀)

8. 9　전문직업탐구/소개(경호원)-안성지역 고등학교

9. 1　서라벌대학 경찰복지행정과 경호무술교과 채택(국제경호협회 인증교육기관 지정)

11. 1　경호무술창시자 언론사 소개 및 시범-동아일보 월간신동아 기사게제

11. 2　대학특강-경호산업의 전망과 비젼특강/초당대학교

11. 7　국제방송 아리랑TV 경호원 직업소개 자문 및 자료제공, 인터뷰 협조

　　　　-한국고용직업분류 경호원 조사 원고 제공(한국산업인력공단)

　　　　-한국고용직업분류 경호원(분류코드 : 4440-2)재정 전문 등재

　　　　-한국표준직업분류 경호원 분류코드 포함하여 개정

11.13　문경대학 경찰경호무도과 경호무술 채택(국제경호협회 인증교육기관 지정)

11.24　한국고용정보원 경호원 조사(직업사전, 전망) 원고 제공(등재)

2007　1. 1　주요포털사이트제공(다음백과, 네이버백과, 야후백과, 엠파스백과, 네이트백과,
　　　　　파란백과, 싸이월드백과 등) 백과사전에 경호무술 및 창시자 장명진 선생, 정의,
　　　　　기원, 어원, 특징 등재

　　　2. 6　국군기무사령부 868분견대 경호무술 책 기증 및 지도

　　　2.12　국군정보사령부 경호무술 책 180권 기증 및 지도

　　　2.27　경호무술창시자 장명진회장님 경호무술 공적 국무총리표창 수상

　　　3.22　경호전문가(경호원)직무체계 시안 개발 참여

　　　10.10　제10회 충주세계무술축제 홍보 참가

　　　11.23　노동부 직업정보-직업탐색(워크넷) 경호원인터뷰 원고제공

　　　11.27　국방부지원(국방취업센타)직무체계 시안 개발-공통능력 자격제도 4개 종목 개발

　　　12. 2　경호자격규정집 연구출판 신설자격제도(23종) 경호무술 교과 및 검정체계 개발 참여

2008　1.14　무술협회 경호무술 책 300권 기증

　　　3.12　한국고용정보원 직업전망 경호원 조사사업 원고 제공

　　　4.28　위키 백과사전 경호무술 및 창시자 장명진, 정의, 기원, 어원, 특징 등재

　　　5.13　육군수도방위사령부 경호무술시범 참관 교류-프라임경제 2008.5.13 보도

　　　5.28　위키인물백과사전 장명진 창시자 소개(경호무술창시자소개-각종 포털사이트 인물백과 제공)

　　　6.14　국무총리실 경호팀 경호무술 책 기증

　　　6.23　현대그룹 경호팀 경호무술 교육(현대화재 본사 11층 대강당, 50명)

　　　7.10　한국무예포럼 가입

　　　7.21　위키 낱말사전 경호무술 낱말(정의, 어원), 로마자, 예일, 라이샤워 표기 등재

　　　7.28　국제경호협회 자격기본법에의거 경호자격제도 국무총리실 산하 직업능력개발원 공식 등
　　　　　록(경호무술 검정체계)

　　　8. 4　제1회 한국무예포럼 토론 참여(경호무술 책 50권 무료증정) 국회 헌정회관

8.11 사단법인 한국경호무술진흥회로 명칭 변경 및 비영리사단법인으로 전환

8.11 서울특별시 사단법인 설립허가(허가번호 : 제200812호)

8.20 이시종국회의원 주최 무예올림픽추진세미나 참여(국회의원회관–경호무술책 100권 무료증정)

8.29 무인 및 학계전문가 경호무술 책 500여 권 무료증정

9. 4 제2회 한국무예포럼 토론참가(경호무술책 50권 무료증정) 송파구민 회관

9.20 진흥회 경호무술창시자에게 있는 경호무술 권리를 공식적으로 위임받음(약정계약서–등부 제1546호)

10. 2 제11회 충주세계무술축제 경호무술 홍보참가(충주시)

10. 4 2008 충주세계무술축제 학술세미나 참가(경호무술책 50권 증정) 충주시청 대강당

10.25 제3회 한국무예포럼 창시자 경호무술주제발표(경호무술책 50권 증정) 송파구민회관

11. 2 2008전국경호무술세미나 4회 개최(진국지원장, 무술시도자 대상)

11.11 브라질 해외대표부 승인(브라질 대표부장 NUNES LUIZ CEZAR)

11.11 아르헨티나 해외대표부 승인(아르헨티나 대표부장 TAJES FRANCISCO OSCAR)

     아르헨티나 북부지부 승인(북부지부장 HEEINZ JORGE ANIBAL)

11.13 러시아국영방송국 경호무술창시자 다큐멘터리제작 취재협조(러시아 전역에 방영)

11.16 문화체육관광부 초청 간담회참가 무예진흥법 시행안 토의(문광부 소회의실)

11.27 국방부초청 간담회 참가(경호무술지도자 양성 및 경호무술원 창업) 전쟁기념관

11.28 문화체육관광부 초청 간담회참가 무예진흥법 시행안 토의(문광부 대회의실)

12. 1 소년소녀 가장 경호무술무료교육 캠페인(전국지원 참여)

12. 1 영남이공대학 경찰경호행정과 경호무술 채택(국제경호협회 인증교육기관 지정)

12. 2 2008년 전국경호무술세미나 개최 중랑우체국 대강당(40명)

12. 4 전국 93개 인증교육기관 및 해외 2개국 국내 및 국제조직화 확대

12.18 초당대학교 산학협약 체결(진흥회 사무국)

12.30 공익성 지정기부금단체(기획재정부공고 제2008-157호)지정–(한국경호무술진흥회)

2009 1. 3 2009년 상반기 경호무술지도자 과정 연수교육실시(2009.1.3~2009.5.30)

    2.15 SBS 좋은아침플러스원 방송프로 경호무술 편 창시자 및 시범단 시범 방영

    3.20 MBC 스포츠매거진 스포츠팡팡 경호무술 편 창시자 지도 및 시범단 시범 방영

    4.29 국방부 전역(예정)간부 취업박람회(서울컨벤션) 참가 경호무술창업소개

    5. 4 2009년 국방부주최 취업박람회(서울컨벤션) 참가 경호무술창업소개

    5.23 2009년 상반기 경호무술지도자 과정 연수교육 수료(18명)

    6.15 태권도진흥재단 경호무술자료 태권도공원 전시용 기증(31종 110개)

    7. 1 전통무예원류적통자 모임 결성(진흥회 사무소)

    7. 3 육군57기동대대 창시자 초청 경호무술 강의(시범 및 지도)

    7. 5 인천광역시 청소년직업체험센터 경호무술 강의(시범 및 지도)

    7.18 2009년 하반기 경호무술지도자 과정 연수교육 실시(2009.7.18~2009.12.5)

    8. 1 전통무예단체조직정비방안 세미나 참가(토론 및 경호무술책 50권 무료증정)

8. 3 육군57보병사단 사단장으로 부터 감사패

8. 6 경호무술자격제도 자격기본법에 의거 국무총리실 산하 직업능력개발원 등록 제2009-0171호
      (자격등록내용 : 경호무술 승단 자격 1단~9단 / 경호무술지도자 자격 1급, 2급, 3급)

8.28 이시종 국회의원 초청 전통무예원류적통자 간담회(외백)

10.20 전통무예원류적통자 정부현황조사팀 초청 간담회 참가(서울대학교)

11.10 우정사업본부 사보 경호무술 기사 게재(전국 15,000지점 배부)

11.11 네이버(naver.com) 경호무술 키워드 바로가기 한국경호무술진흥회 등록

11.21 전통무예단체조직정비방안 공청회 참가(슈페이러 본회의실)

11.25 네이트(nate.com) 경호무술 키워드 바로가기 한국경호무술진흥회 등록

11.27 2009 하반기 경호무술지도자 자격검정 시험시행

11.30 정부수탁연구용역(무예단체실태조사) 공청회 참가(올림픽파크텔)

12. 2 국방부 초청 간담회 참석(전쟁기념관)

12. 5 2009 하반기 경호무술지도자 과정 연수교육 수료(7명)

12. 7 전통무예원류적통자 국회 전통무예진흥법 개정안 제안서 제출

12.11 노동부 고용지원센터 경호무술 기사 소개

2010 1. 5 세계일보 최선의 방어가 최선의 공격 "경호무술" 기사 전면게재

2. 6 경호무술지도자 보수교육실시(중앙연수원)

2. 9 문화체육관광부 전통무예진흥법 기본계획 수립안 건의

3. 3 전통무예원류적통자 정부 전통무예진흥 기본계획 수립 현황과제 자문토의
      (정부담당, 정부용역 연구진-체육과학연구원)

3. 6 경호무술지도자 보수교육실시(중앙연수원)

3. 8 전통무예진흥법 일부개정법률(안) 제출건의(전통무예원류적통자 지정 및 지원)

4. 3 지도자 보수교육실시(중앙연수원)

4.21 전통무예원류적통자 국회 문화체육관광방송통신위원회 고흥길위원장 면담

4.23 경호무술 시범공연(인터컨티넨털호텔 그랜드홀)

4.28 국방부 전역간부 취업박람회 참가(서울무역센터)

5 1 지도자 보수교육실시(중앙연수원)

5. 7 경호직무능력표준 시안 연구개발 경호무술 및 경호무술지도자 표준체계 개발 참여

6. 5 경호무술지도자 보수교육실시(중앙연수원)

6.28 국무총리실, 지식재산기본법 공청회 참가 대정부제안(사학연금회관)

7. 3 경호무술지도자 보수교육실시(중앙연수원)

7.18 경호무술지도자 직업체험 개최(중앙연수원)

8. 7 경호무술지도자 보수교육실시(중앙연수원)

9. 4 경호무술지도자 보수교육실시(중앙연수원)

9. 7 전통무예원류적통자 명칭 위키 백과사전 등재

9.14 국회 문화체육관광방송통신위원회 정병국위원장 외 소속의원 12명 개정법안(전통무예원류적통자 지정제도 신설) 제정요청 방문

10. 2 경호무술지도자 보수교육실시(중앙연수원)

10. 4 한국산업교육원 경호무술 강의지원

10.12 전통무예원류적통자 무진법 기본계획 건의안 문화체육관광부 방문 제출

10.24 한국체육과학원 방문 무진법 담당 연구원 성문정박사 전통무예원류적통자 정책 건의사항 전달

10.24 서울 송곡정보산업고등학교 대강당 20명 경호무술시범공연

10.29 국회 방문 한나라당 문화예술특위 정두언위원장 김수철 특보 무진법 전통무예원류적통자 지정 제 신설 개정법률안 국회통과 협조요청

11. 1 부산광역시 기장지회 승인(지회장 장웅진)

11. 6 경호무술지도자 보수교육실시(중앙연수원)

11.24 교육부, 고용노동부가 주최하고 고용정보원이 주관하는 취업진로박람회 참가 및 경호무술시범공연(3일간)

12. 4 경호무술지도자 보수교육실시(중앙연수원)

12. 29 문화체육관광부 주최 전통무예진흥법 기본계획수립 토론회 참가(올림픽파크텔)

2011 1. 8 경호무술세미나 개최(전국지원장 대상 무진법 기본계획 설명회)

1. 8 경호무술지도자 보수교육실시(중앙연수원)

1.12 MBC 표준 FM(95.9MHz) "아이러브스포츠" 경호무술 소개

1.15 경호실무 1권~3권(1167page) 출판(개정7권)-한국학술정보(주)

2.12 경호무술지도자 보수교육실시(중앙연수원)

3. 5 경호무술지도자 보수교육실시(중앙연수원)

3.11 전통무예원류적통자 무진법개정안(전통무예원류적통자 지정제 신설) 국회통화 요청서 전달(국회문화체육관광방송통신위원회 간사 김재윤 의원, 위원 전성호 의원)

3.23 전통무예원류적통자 무진법 정부담당 실무자 미팅(정책건의서 전달-문화체육관광부 체육진흥과)

4. 2 경호무술지도자 보수교육실시(중앙연수원)

4.13 국방부 2011 전역(예정)간부 취업박람회 참가(서울무역센터)

7.15 경호무술 1권~9권 출판(개정7권)-한국학술정보(주)

6. 창시자 연구 활동

저술

1986 4.16 경호무술, 경호실무 연구시작

1992 2.16 경호무술, 경호실무 교안 완성

1994 11.17 경호실무(경호학)저술(국제경호아카데미출판사, 328page)

1996 11. 5 경호실무 저술 개정2권(법연출판사, 493page)

1999 3.20 경호실무 저술 개정3권(법연출판사, 537page)

2001 2.20 경호실무 저술 개정4권(법연출판사, 625page)

2003 2.15 경호실무 저술 개정5권(법연출판사, 741page)

2003 9.13 경호무술(단행본)저술 (국제경호아카데미출판사, 505page)

2004 2. 7 경호실무 저술 개정6권(청호출판사, 749page)

2004 8.18 경호자격제도규정집 저술(국제경호아카데미출판사, 273page)

2004 10. 5 경호무술 저술 개정2권(국제경호아카데미출판사, 1704page)

2005 4.25 경호원자격검정 문제집 저술(국제경호아카데미출판사, 180page)

2005 8.26 경호직무능력표준 저술(국제경호아카데미출판사, 483page)

2011 1.15 경호실무 저술 개정7권(한국학술정보(주), 1권~3권, 1167page)

2011 7.15 경호무술 저술 개정3권(한국학술정보(주), 1권~9권, 2800page)

연구논문

1996 경호산업에 대한 실태 조사-동국대학교 행정대학원

1997 경호산업의 문제분석과 육성책-한국안전교육학회

2001 경비업법에 포함하는 민간경호원 자격증 도입활용 방안연구-국제경호협회학회

2003 경호직무분야의 전문화를 위한 자격제도와 그 방안에 따른 국제경호협회 경호 자격제도의 분석 및 국가공인 도입의 필요성-국제경호협회학회

2003 치안환경에서 요구되는 격기무술과 현대적 무술발달 과정의 생활 경호무술연구-국제경호협회학회

2004 경호자격 국가공인 및 관련내용에 대한 정부지원 국제경호협회 중심으로 연구-국제경호협회학회

2005 경호직무능력표준에 관한연구 및 활용방안-국제경호협회학회

2006 경호산업을 위한 정부지원정책 및 효과연구 경호자격제도를 중심으로-국제경호협회학회

2008 경호무술 전통무예진흥법에 의한 지정-한국무예포럼

2008 경호무술세미나집-한국경호무술진흥회

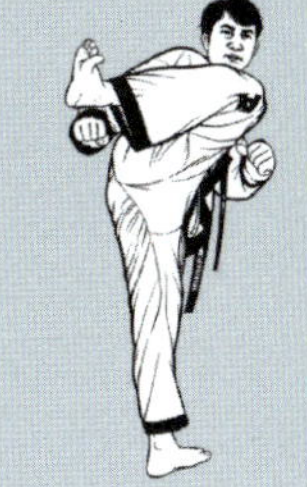

7. 창시자 설립단체 및 과정

1992 2.16 국제경호협회 설립

　　　　　(경호원들의 친목 및 권익을 위한)

1992 3.21 국제경호아카데미 설립

　　　　　(경호무술교육서비스, 경호교육서비스, 경호서비스를 위한)

1994 4.15 국제경호시스템 신설

　　　　　(경호서비스만을 전문으로 하기 위하여 국제경호아카데미로부터 분사)

1996 6.27 주식회사 탐경

　　　　　(국제경호시스템을 상호변경 및 법인전환-신변보호법률 제정에 의한 허가제도

　　　　　시행에 따라)

1998 3. 1 장명진경호무술 신설

　　　　　(비영리단체설립-자격검증 및 인증제도 시행을 위한)

1998 3.13 장명진경호무술원 신설

　　　　　(국제경호아카데미 상표신설-경호무술프랜차이즈사업 시행을 준비)

2002 9.　　 시큐리티잡114 설립

　　　　　(주식회사 탐경에서 온라인 사업부 분사)

2008 8. 11 사단법인 한국경호무술진흥회 설립

　　　　　(장명진경호무술을 명칭변경과 법인전환-대외 위상 제고)

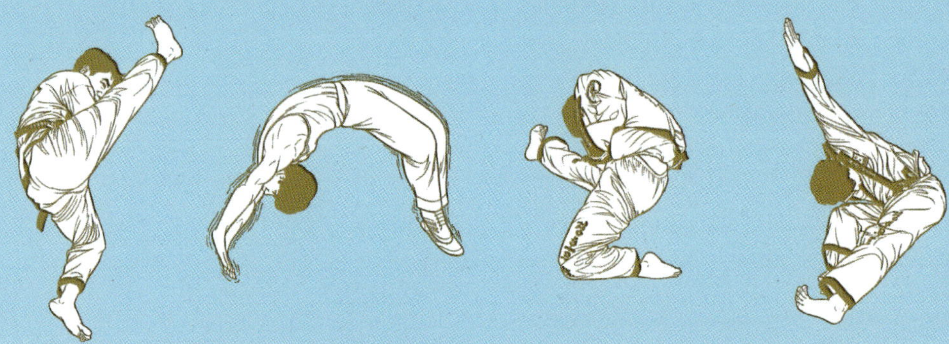

8. 창시자 유관기관 활동

1996	사단법인한국경비협회 신변보호분과	운영위원
1996	한서대학교 사회교육원 비서경호학과	강사(경호무술/경호실무)
1996	사단법인한국경호경비학회	운영위원
1996	중국연길시 공안국 보안전문대학	명예교수
1996	한국시큐리티산업경영학회	운영위원
1997	KBS아카데미	강사(경호무술/경호실무)
1997	서일대학교 사회교육원 경호학과	강사(경호무술/경호실무)
1997	사단법인한국경비학회	부회장
1997	사단법인철인3종경기본부	이사
1998	사단법인한국직능단체총연합회	상임부회장
1998	월간보디가드	편집위원
1999	한국안전교육학회	이사
1999	선문대학교 무도학과	외래교수(경호무술/경호실무)
1999	충청대학 태권도학과	강사(경호무술/경호실무)
2000	고려대학교 사범대학원(석사과정)	강사(경호무술)
2000	대구미래대학 경찰행정과	강사(경호무술/경호실무)
2001	제10기 민주평화통일자문위원회	자문위원
2002	UN평화지도자연합회	이사
2003	국립경찰대학 수사보안연수소	외래강사(경호무술/경호전략)
2008	경찰청수사연수원	강사(경호무술)
2004	한국협상학회	회원
2005	국무총리실 국가재난관리본부	자문위원
2006	초당대학교 경호비서학과	겸임교수(경호무술/경호실무)
2008	한국무예포럼	회원
2009	전통무예원류적통자모임	간사
2009	한국표준협회	자문위원
2010	한국산업교육원	강사

9. 경호무술과 창시자 백과사전 등재문

2005 2.17 두산대백과사전(엔사이버) 창시자와 경호무술 사전 등재

2005 4. 2 네이버 백과사전 창시자와 경호무술 사전 등재

2006 2. 1 파스칼 세계대백과사전 창시자와 경호무술 사전 등재

2006 2.12 야후 백과사전 창시자와 경호무술 사전 등재

2006 3. 3 파란 백과사전 창시자와 경호무술 사전 등재

2006 4.12 브리태니커 백과사전 경호무술 사전 등재(창시자 저술 경호무술책전문 인용)

2006 5. 6 다음 백과사전 창시자와 경호무술 사전 등재

2008 4.28 위키 백과사전 창시자와 경호무술 사전 등재

2008 5. 3 네이트 백과사전 창시자와 경호무술 사전 등재

2008 5.28 위키 인물백과사전 창시자 사전 등재

2008 7.21 위키 백과사전 낱말사전 경호무술 등재

2009 11.11 네이버, 네이트에서 한국경호무술진흥회 키워드 바로가기 등재

2010 9. 7 위키 백과사전 전통무예원류적통자명칭 사전 등재

10. 창시자 인터넷 홈페이지 구축

1996 6. 7 국제경호아카데미(홈페이지 http://www.ibga.co.kr)

1998 2.10 주식회사 탐경(홈페이지 http://www.tamkyung.co.kr)

2002 7.10 장명진경호무술원(홈페이지 http://www.jmjmoosul.co.kr)

2002 10. 1 시큐리티잡114(홈페이지 htpp://www.securityjob114.co.kr)

2008 8.30 사단법인 한국경호무술진흥회로 변경(홈페이지 http://www.jmjmoosul.co.kr)

※ 개설된 홈페이지 현 운영 중

Ⅰ 호위호신술법 체계(體系)

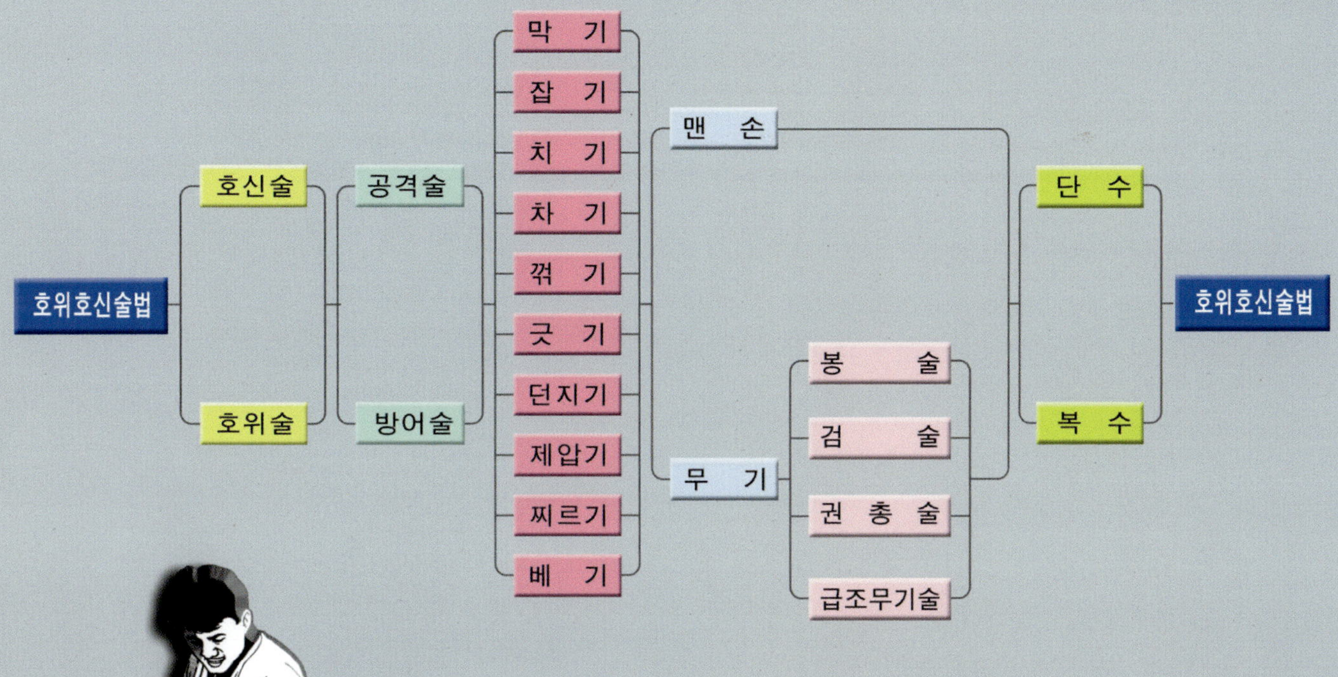

<< 호위호신술법의 종류 >>

1. 막기법
2. 치기법
3. 차기법
4. 잡기법
5. 꺾기법
6. 굿기법
7. 던지기법
8. 제압법
9. 제압해제술법
10. 무기제압방어술법
11. 급조무기제압방어술법
12. 호위술법
13. 호위해제술법
14. 응용호위호신술법

<< 호위호신술법 >>

공격자가 수족 및 무기등을 이용 경호대상에 대하여 신체 및 생명을 위협하려는 순간 치기, 차기, 꺾기, 던지기, 굿기 또는 무기등을 이용 상대를 제압 무력화 시켜 자신을 포함하여 경호대상을 보호하는 호위호신술 체계이다.

호위호신술법 수련단계　TRAINING STEP

- **호신술기초기술자세**
  - **맨 손**
    - 잡 기
    - 치 기
    - 차 기
    - 꺾 기
    - 던지기
    - 막 기
    - 무기막기
  - **무기공격법**
    - 봉 공 격
      - 단 봉
      - 중 봉
      - 장 봉
    - 칼(검)공격
      - 단 검
      - 중 검
      - 장 검
    - 총 공 격
      - 탈취법
      - 치 기
      - 차 기
- **제 압 술**
  - 머리, 목제압
  - 손 팔제압
  - 다 리제압
  - 몸 통제압
  - 혼 용제압
- **호신술기본15수**
- **수 족 공 격 시**
  - **잡혔을 때**
    - 일수로 잡혔을 때
    - 양수로 잡혔을 때
    - 안겨서 잡혔을 때
    - 앉아서 잡혔을 때
    - 누워서 잡혔을 때
    - 엎어져서 잡혔을 때
    - 업어치려 할 때
  - 치려할 때
  - 차려할 때

무기공격시	→	봉공격시
		검(칼)공격시
		총공격시
제압해제술	→	기초해제술
		수팔기초해제술
호위호신술	→	경호대상을 잡고 있을 때
		경호대상을 수팔로 치려할 때
		경호대상을 발로 차려할 때
		경호대상을 검(칼)로 공격할 때
		경호대상을 봉으로 공격할 때
		경호대상을 권,소(총)으로 공격할 때
		경호대상을 투척물로 공격할 때
		경호대상을 제압하고 있을 때
팀웍호위술	→	호위호신술 → 보행시 / 회의시 / 차량경호시
급조무기공격술	→	급조무기
		공격기술

호위호신술법 의의   MEANING

호위호신술이란 상대의 손, 발 또는 각종 무기에 의한 공격시 경호대상과 자신의 신체 및 생명을 보호하는 여러 형태의 방어기술을 말하며 하나 하나의 호위호신술기가 프로그램 되어 있어 경호대상을 보호하기 위한 필요 술기가 상황에 따라 자동으로 이루어지도록 한 것이다. 즉 경호환경에서 경호하는 자신들이 경호대상과 자신의 안전을 지켜줄 수 있는 호위호신술은 위기에 안전을 보장해 줄 것이다.

따라서, 경호환경에 적합한 경호무술의 호위호신술에 대하여 기본기와 응용술 등을 충분히 배워 익혀 수련하도록 노력한다.

공격제압 7가지 술기

구분	술 기	내 용
1	치 기 법	손을 이용하여 힘의 중심을 손에 두어 가격하는 치기법
2	차 기 법	발을 이용하여 힘의 중심을 발에 두어 가격하는 차기법
3	꺾 기 법	상대의 관절의 약점을 찾아 공격하는 꺾기법
4	긋 기 법	손톱이나 손끝부분을 이용하여 노출된 신체의 약점을 공격하는 긋기법
5	제 압 법	상대의 신체의 급소 또는 관절에 체중을 실어 누르거나 쳐 제압하는 방법
6	던지기법	상대의 사지 또는 몸통, 목 등을 감아 던지는 방법
7	무 기 법	사용가능한 무기를 이용. 찌르기법, 베기법, 치기법, 꺾기법, 제압법, 던지기법을 응용하는 방법

호위호신술 실무

호위호신술은 경호대상이 공격자에 의하여 공격당하지 않도록 안전거리를 반드시 유지해야 하며, 안전거리 미 확보시에는 경호대상과 공격자 사이에 반드시 자신이 위치하여 공격기회를 차단해야 한다.

또한 공격에 있어 물리적 적용이 있을 때에는 작용직전 또는 직후 경호하는 사람이 저지 또는 방어 해지시켜 경호대상의 안전이 더 이상 위협받지 않도록 한다.

호위호신술의 원리

호위호신술의 원리는 자신에게 공격하는 상대에게 반응하는 속도보다 경호대상의 공격에 반응하는 속도가 늦을 수밖에 없다. 따라서 이 점을 최대한 보완하여 안전을 확보해야만 호위호신술이라 할 수 있다. 이러한 점을 보완하기 위한 원리로 경호대상과 일체감을 이룰 수 있는 스텝과 리듬감을 예를 들어 찾을 수 있다. 경호대상은 경호하는 사람과는 달리 일반적으로 경호무술에 대한 전문성도 없기 때문에 경호하는 사람이 경호대상의 움직임을 리드하여 공격자의 공격유형에 순간 적응토록 하여 안전을 확보하도록 하는 원리이다. 어떤 것이든 한번도 하지 않은 생소한 것에 대한 체험이라도 누군가의 도움으로 움직이게 되면 순간이나마 평소에 잘 훈련된 것처럼 할 수 있는 경우가 있다. 바로 이런 원리를 이용할 것이다.

① 수족 호위호신술

손과 발로 치고, 차고, 꺾고, 던지는 기술은 상대방을 제압하는데 매우 중요한 수단이 되며, 특히 잘 훈련된 경우에는 무기사용과 같은 효과를 발휘할 수도 있는 기술이다.

② 무기 호위호신술

각종 무기를 이용한 호위호신술은 상대방을 제압하는데 매우 효과적이다. 특히 상대방이 칼이나 각목 또는 총기류와 같은 무기를 소지하여 공격하거나 상대가 다수인 경우에는 무기사용이 더욱 절실해진다. 따라서 이 같은 예상 상황에 대비하여 경호호신장비 등을 이용하는 기술이 상대방의 공격으로부터 자신과 경호대상을 안전하게 지킬 수 있다.

③ 몸통 호위호신술

호위 몸통 방어는 경호대상을 경호하는 사람의 몸통으로 인벽 형태를 취하여 보호하는 기술로 수족이나, 칼공격시 또는 총, 폭탄공격시에 대비한 호위 몸통 방어 기술이다.

④ 호위호신 피난술

경호대상에 대한 여러 형태의 위해 환경에서 인위적 또는 자연적 은폐 및 엄폐물을 최대한 이용 안전지대로 피난하는 것으로 위해자의 시간적, 공간적 또는 공격수단의 유효사정 거리로부터 안전을 최단시간 내에 확보하는 긴급 피난 조치술이다.

① **경호대상자의 신체를 잡으려 할 때**
- 가벼운 신체 터치를 통한 방어 의지를 보인 후 경호대상을 자신의 등 뒤쪽으로 돌려 가로막는다.

② **경호대상이 상대에게 잡혀 있을 때**
- 수족 또는 신체 및 의복이 상대방에 의하여 잡혀있을 때에는 신체 및 의복에 가능한 손상이 가지 않도록 상대방의 잡은 손을 우선 제거할 수 있도록 산발적인 공격보다는 꼭 필요한 공격점을 정권 등으로 가격하여 경호대상이 상대로부터 잡혀있었던 신체부위를 사유롭게 할 수 있도록 한다.
- 경호대상의 안전을 고려하여 섣부른 공격은 자제하도록 한다.
- 경호대상을 잡고 있는 상대의 집중력을 흐리게 할 수 있는 기만술을 이용하고 이때 노출된 틈을 이용, 경호대상의 안전을 확보하도록 한다.

③ **손날 또는 주먹 등으로 공격시**
- 공격자의 공격의지가 표출된 상황이기 때문에, 경호원은 반사적으로 상대방의 신체급소점 또는 골격의 약점 등을 노려 과감하고, 신속한 동작으로 가격하여 제압한다.

④ **발차기 형태의 공격시**
- 발차기 형태의 공격은 매우 위험한 것으로 일단은 공격보다는 피하는 동작을 취하여 우선 위기를 모면한 후 상응하는 발차기로 상대의 급소점을 역습하여 제압한다.

⑤ **봉 이용한 공격시**
- 근접거리를 피하고 가능한 공격반경 밖으로 피한다. 이 같은 무기 공격시에는 내려치는 순간이 역습하기 좋은 기회로 공격 순간을 놓치지 않도록 한다.
- 무기가 큰 것일수록 동작이 느리고, 바깥쪽보다 안쪽의 힘이 약하기 때문에 가능한 상대방에게 과감하게 접근하는 것이 유리하다.

⑥ **도검류에 의한 공격시**
- 도검류의 공격은 살상 가능성이 매우 큰 것으로, 단 한번의 약점도 보여서는 안된다. 즉, 도검류의 공격시에는 단 한수로 제압할 수 있어야 한다.

⑦ 권총 등의 무기에 의한 공격시

권총과 같은 총 무기류를 이용한, 공격시에는 선제공격을 할 수 있는 기회를 주지 않도록 하고, 자신이 선제공격을 통한 방어로 안전을 확보해야 한다. 이때 자신이 선제공격에 실패했을 때에는 경호대상의 안전을 위해 인벽을 형성, 보호 유지한 다음 공격자에 대한 사격을 취한다.

• 상대방에게 대응할 수 있는 권총이 없을 때에는, 근거리 위치시 무기 사용전 선재공격을 통한 제압을 원칙으로 한다. 단, 원거리 위치시에는 엄폐물을 이용 대피한다.

• 권총과 같은 대응할만한 무기가 있을 때에는 주저 없이 사용하여 상대를 제압하도록 한다.

⑧ 폭발물에 의한 공격시

폭발물에 의한 공격시에는 폭탄의 위치와 설치된 높이, 위력 등을 순간 판단하여 조치하는 것이 좋다. 투척 폭탄이라면, 발로 차 멀리하거나, 손으로 주위 던지는 등의 조치를 취하고, 그럴 시간적 여유가 없을 때에는, 경호대상을 호위낙법 등으로 경호대상을 지면에 낮게 착지시켜 폭탄의 파편 비산에 의한 위험으로부터 보호한다.

⑨ 다수의 상대가 동시 공격시(제압에 자신 있을때)

• 2인 이상이 연합하여 공격할 때에는 포위되는 일이 없도록 벽면과 같은 시설 또는 지형 등을 이용하고, 자신의 뒤쪽에 상대가 분산되어 있지 않도록 주의한다.

• 가능한 상대보다 지형적으로 높은 쪽에 위치하도록 한다.

• 체력 등이 강한 자보다 약한 자를 주 공격대상으로 삼고, 강한 자로 보이는 상대는 주방어 대상으로 삼고 대응하도록 한다.

• 무기를 가진 자는 주방어 대상으로 삼고, 무기가 없는 자를 주공격 대상으로 삼아 집중 공격한다.

⑩ 다수의 상대가 동시 공격시(제압 역부족시)

• 가급적 포위되기 전에 현장으로부터 탈출한다. 기회는 초기에만 있으므로 기회를 놓치지 않도록 주의를 한다.

• 탈출기회를 놓쳐 포위되었을 때에는, 약한 쪽으로 과감하게 공격 포위선을 뚫어 탈출한다.

• 포위선으로부터 탈출이 불가능 시에는 주위에서 급조할 수 있는 이용 가능 한 무기를 습득하여 대응한다.

1. 호신기초기술자세

1) 맨 손

< 상대 제압기술 종류 >

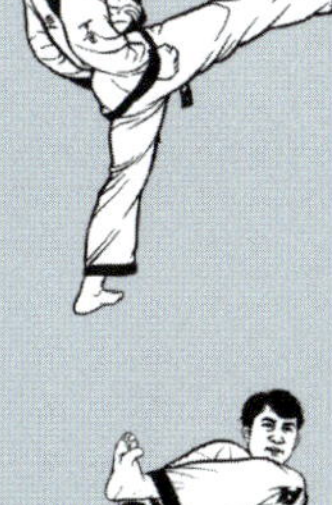

GUARD MILITARY
경호무술
3. 호신술 기본15수
호신술기본15수

1. 호신술기본수1

Start

⬛Explanation

우선 왼발을 앞으로 일보 내딛는 동시에 잡힌 손 팔을 외서 내로 반원형으로 돌려 손목을 꺾어 왼손으로 잡는다.

이때, 왼손 엄지손가락은 상대의 손등을 잡고 나머지 손가락은 손바닥을 잡는다.

동시에 오른손은 손목을 꺾은 상태에서 가슴에 밀착시키며, 손목을 돌려 잡아 고정시키고 이후 잡은 손을 놓는 동시에 오른손으로 상대의 중팔목 위치에 외손목급자세로 수평으로 내서외로 당겨 수직으로 내려 꺾는다.

이때, 주의해야 할 점은 왼손으로 가슴에 고정시킨 상대의 손이 몸으로부터 이격되지 않아야 하며, 오른외손목급을 아래로 내릴 때 무릎을 동시에 구부려 자세를 낮춰야 하는 것을 잊지 말아야 한다.

2. 호신술기본수2

Start

▣ Explanation

1번과 동일한 방법으로 상대의 손목을 잡은 다음 사진과 같이 왼발을 반뒷전환하는 동시에 중팔과 겨드랑이를 이용하여 상대의 중팔을 수직으로 내려 꺾어 상체가 90° 이상 숙이도록 완전하게 밀착시켜 꺾는다. 다음으로 왼발을 다시 반앞전환하는 동시에 누르고 있었던 중팔을 내서 외로 돌려 손목과 중관절을 꺾는데, 이때 손으로는 상대의 손목을 내서외로 꺾고 중팔은 수평으로 된 상대의 중팔을 수직으로 눌러 두관절을 동시에 꺾어 제압한다.

그리고 꺾기 기술이 쉽도록 두 무릎을 구부려 체중을 실어준다.

3. 호신술기본수3

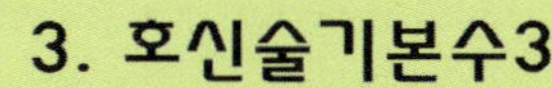

Explanation

1번자세와 동일하게 하여 상대방의 손목을 꺾어 고정시킨 후 오른손으로 이 두정급소점을 삼지모수도(관수도)로 잡아 통증을 가하는 동시에 요골을 잡아 수평으로 내서외로 당겨 수직으로 팔목 관절을 꺾어 제압한다.

그리고, 이때, 주의해야 할 점은 가슴에 고정시켰던 손목이 절대로 떨어지지 않도록 주의하고, 체중을 실어 수직으로 잡아당기도록 한다.

Start

Explanation

오른발을 앞으로 일보 내딛는 동시에 잡힌 손을 내서외로
D자 형태로 돌려 좌우 손을 이용하여 야구방망이 잡듯이 손
목을 잡는다. 동시에 두다리를 평선으로 돌려 발의 자세를 바
꾸어 몸을 돌리는 동시에 손목을 잡은 손을 힘차게 끌어 당겨
상대방의 균형을 앞으로 향하게 하는 동시에 오른팔을 이용
하여 상대의 팔을 눌러 꺾고 오른발 무릎을 구부려 지면에 닿
게 하는 동시에 상대방의 팔에 체중을 실어 상체가 지면에 닿
도록 강하게 끌어 당겨 넘어뜨리고, 팔을등뒤로 90° 되게
들어 올려 어깨관절이 꺾이도록 한 다음 오른팔을 이용하여
상대의 중팔을 열십자로 꺾어 밀착시킨 다음 왼손을 이용하
여 앞머리를 움켜잡아 뒤로 당겨 목과 등, 허리등이 활처럼
휘도록 제압한다.

5. 호신술기본수5

Start

Explanation

오른발을 앞으로 일보 내딛는 동시에 왼손 엄지손가락을 이용하여 합곡정 즉, 급소점을 압력을 가해 고통을 가하고 동시에 좌우엄지손가락을 손등위치로 나머지 손가락을 손바닥 부분을 감싸 잡아 손목을 외서내로 틀어 꺾는다. 이때 왼발을 반원앞전환자세를 취하여 일보 앞으로 내딛는 동시에 이어 평전환 자세로 몸통을 돌려선다.

이와 동시에 상대의 팔을 들어 올려 꺾고 평전환 후 오른발을 다시 상대방의 등뒤쪽으로 옮겨 놓으며, 올려진 팔을 등뒤로 밀착시키는 동시에 팔이 수평되게 하고 손목은 지면을 향하도록 중팔목 상지골을 잡아 고정하고, 오른손 엄지로 합곡정 즉, 급소점을 눌러 제압하면서, 나머지 손가락으로는 상대의 손을 감아 잡아 제압한다.

6. 호신술기본수6

Start

Explanation

오른발을 앞으로 일보 내딛는 동시에 잡힌 손목을 내서외로 돌려 역으로 잡은 다음 이어 왼손을 이용하여 상대의 손목을 같이 잡는다. 그리고 오른발을 반뒷 전환과 동시에 상대의 팔을 내서외로 돌려 얼굴 높이로 들어 올려 꺾으면서 좌우발을 평선으로 돌려서는 동시에 들어올려 꺾여진 상대의 팔이 지면을 향하도록 수직으로 당긴다.

이 과정에서 중요한 점은 상대의 팔을 들어올릴 때 왼팔목급장을 이용하여 상대의 팔을 쳐 밀어 올리거나, 아니면 세팔급장으로 상대의 늑하정과 같은 급소점을 가격하여 관절꺾이를 연결하는 것이 매우 중요하다. 그리고, 상대의 꺾여진 손목을 그대로 유지하게 하여 지면에 닿도록 유도하고, 손이 어깨관절, 즉, 견갑골 그리고 오른발을 이용하여 사진과 같이 밟는 동시에 평정권으로 몸통을 친다. 그리고, 팔을 뒤로 돌려 꺾을 때에는 손등이 지면에 닿도록 하여 밟아 꺾어 제압한다.

7. 호신술기본수7

Start

Explanation

오른발을 앞으로 일보 내딛는 동시에 왼손 엄지손가락으로 상대의 팔에 있는 척태정 급소점으로 강하게 눌러 통증을 가하여, 1차 제압한 후 이어 잡힌 손을 펴 외서내로 손목을 돌려 꺾고 상대의 팔이 사진과 같이 수직이 될 때 세수도 자세로 상대의 겨드랑이 사이로 찔러 넣어 팔을 등뒤로 열십자로 꺾어 밀착시켜 제압한다. 이때 동시에 왼발을 반원뒷전환하여 자세를 바꿔주는 동시에 왼손으로 상대의 앞머리를 움켜잡아 뒤로 당겨 사진과 같이 제압한다.

이때 중요한 점은 최후 제압동작에서 완전한 제압을 위해서는 상대의 팔꿈치가 자신의 허리뒤로 위치케 하여 열십자의 자세가 풀리지 않도록 주의하는 것이 매우 중요하다고 할 수 있다.

8. 호신술기본수8

Start

Explanation

오른발을 앞으로 일보 내딛은 후 이어 왼발을 앞으로 내딛어 상대방의 왼발 허점후 급소점인 뒤꿈치를 가격하는 동시에 왼손을 반배수도 자세를 취하여 목두정 급소점을 측면으로 가격하여 사진과 같이 상대방을 넘어뜨려 제압한다.

이때, 중요한 점은 잡힌 손목을 내서외로 돌려 역으로 상대의 손목을 잡아 몸쪽으로 돌려 잡아 상대방의 균형을 잃게 유도한 이후 넘어진 상대방을 즉시 팔을 뒤로 꺾어 제압하고 팔이 꺾이도록 오른발 무릎을 세워 상대의 팔꿈치 부분을 지지시킨다. 이어 왼팔 평정권으로 상대의 몸통을 끝으로 강하게 가격하여 제압한다.

9. 호신술기본수9

Explanation

6번의 손목잡기와 동일한 자세로 손목을 돌려 꺾어 잡는다. 다만, 6번과는 달리 꺾어 잡는 손의 위치가 눈높이를 유지한다. 그리고 왼발은 반원뒷전환 자세를 취하여 바꿔선 상태에서 사진과 같이 상대의 상팔을 어깨위로 올려 지지하게 한 다음 잡은 왼손을 수직으로 내리는 동시에 왼손팔은 사진과 같이 자세를 취하여 위로 지지해 제압한다.

10. 호신술기본수10

Start

Explanation

　왼발을 앞으로 내딛는 동시에 오른손을 내손목
장으로 상대의 내손목관절을 강하게 치는 동시에
오른 손목을 순간 안으로 꺾어 잡힌 손을 해지하는
동시에 발을 평선 자세로 전환하여 몸을 돌려 선다.
이때, 가능한 상대의 몸쪽으로 밀착시켜 서고 사진
과 같이 오른팔굽장으로 상대방의 명치를 강하게
가격하여 제압토록 한다.

11. 호신술기본수11

Start

Explanation

모든 동작은 10번자세와 동일하게 취한 다음 이어
정권등 주먹으로 상대의 인중 급소점을 강하게 가격하
여 제압토록 한다.

중요한 점은 팔굽장 명치지르는 자세를 신속하게 연
결하여 가격해야만 하며, 정권 등 주먹으로 인중을 가
격할 때에는 강하게 가격하는 것보다 신속하게 가격하
는 것을 보다 중점을 두도록 한다.

12. 호신술기본수12

Explanation-12

 왼발을 앞으로 일보 내딛는 동시에 오른손을 내서외로 돌려 상대방의 손을 잡고 왼손사지를 이용하여 손목외로 꺾어 잡는다. 이때, 좌우엄지손가락이 상대의 손바닥에 위치시켜 꺾어 잡고 중팔이 동시에 꺾이도록 한 상태에서 자세를 평선으로 돌아 사진과 같이 오른 다리를 구부려 무릎이 지면에 닿도록 자세를 취하여 상대방의 상체가 엎어지도록 한 후 팔을 꺾어 팔꿈치가 지면에 닿게 한 상태에서 손목을 등 뒤로 90° 꺾이게 유지하고, 다시 대각 45° 각도로 내리면서 손을 오른쪽으로 돌려 손목을 꺾어 제압토록 한다.

13. 호신술기본수13

Start

☐ Explanation

반원바꿔전환자세로 몸의 위치와 각도를 바꾸는 동시에 잡힌 손목을 내서외로 돌려 아래에서 위로 원을 그리듯이 돌려 꺾는다.

이때, 좌우 엄지손가락은 상대방의 손등에 위치케 하고 손목을 90° 로 꺾어 제압한다. 그리고 사진과 같이 오른발 무릎을 이용하여 어깨관절과 견갑골 사이를 눌러 역습할 수 없도록 완전한 제압을 실시한다.

14. 호신술기본수14

◻ Explanation

오른발을 앞으로 일보 내딛는 동시에 잡힌 손을 내서외로 180° 돌려 상대의 손을 왼손으로 바꿔 잡는다. 그리고 잡혔던 오른 손바닥으로 왼손위치에 갖다대어 상대의 팔꿈치가 자신의 명치를 향하도록 힘껏 밀어주어 충격이 가하도록 한 다음 오른발을 뒤로 내뻗으며, 상체를 낮추는 동시에 다시 밀었던 손을 반대로 당겨 상대를 지면에 넘어뜨리도록 유도한다.

이후 잡은 손을 당겨 팔을 곧게 편 상태에서 손바닥이 지면에 닿도록 한 다음 사진과 같이 손목 팔목을 잡아 눌러 제압한다.

15. 호신술기본수15

Start

Explanation

잡힌 손목을 내서외로 들어올리는 동시에 왼손으로 손목을 같이 잡아준다. 이때 상대방의 팔이 90° 로 틀어지게 하여 손이 측면으로 수평되게 한 상태에서 가슴에 살짝 밀착시킨다. 이때 잡은 손의 오른손은 팔목을 잡고 왼손은 손등을 감싸 잡는다.

관절을 꺾는 방법은 손등을 감싸 잡은 왼손은 위에서 아래로 돌려 꺾고, 손목을 잡은 오른손은 수직으로 당겨 꺾는다. 이 두 동작이 동시에 이루어지도록 했을 때 최고의 제압효과가 나타난다. 이후 상대의 상체가 지면에 넘어지도록 하기 위해서는 꺾여진 손목을 넘어지게 수평으로 왼손을 이용해 왼쪽으로 돌리게 되면 사진과 같이 넘어지게 된다. 제압은 사진과 같이 무릎으로 눌러 제압한다.

4. 수족공격시

1) 잡혔을 때

1. 일수로 잡혔을 때
   (중팔, 어깨, 머리, 멱살, 허리, 악수, 옆에서)
2. 양수로 잡혔을 때
   (손목, 중팔, 어깨,[멱전 · 후])
3. 안겨잡혔을 때
4. 앉아 잡혔을 때
5. 누워 잡혔을 때
6. 엎어져서 잡혔을 때
7. 업어치려할 때

경호무술

1. 중 팔

Start

Explanation-1

　왼발을 앞으로 일보 내딛는 동시에 왼손으로 상대의 잡은 손을 감싸 잡아 외서내로 돌려 손목을 꺾는 동시에 오른손을 이용하여 기본 1번과 같이 수팔을 이용해 하전방 180°로 눌러 상대의 손팔목을 완전히 제압한 후 이어 외손목굽을 이용하여 턱아래 목을 잡아 내서외로 하수평 대각으로 사진과 같이 밀어 친다.

　이때, 중요한 것은 왼손으로 상대의 왼손목을 비틀어 꺾은 자세가 풀리지 않도록 특히 주의하고, 중팔목을 제압하는 자세에서 외손목굽으로 전환하여 상대의 목을 밀어 칠 때 동작이 연속적으로 이어질 수 있도록 해야 한다.

2. 어깨

Start

Explanation-2

왼손을 이용하여 어깨를 잡은 상대의 손을 감싸 잡아 어깨에 그대로 고정시킨 다음 오른 손을 수도 자세로 팔을 180° 위로 곧게 뻗는다. 다음으로 오른발을 반원 뒷전환 자세로 바꾸고, 다음 위로 뻗었던 팔을 하방원형으로 크게 돌려 뒷전환 자세로 바꾸고, 위로 뻗었던 팔을 하방원형으로 크게 돌려 상대의 중팔목을 꺾어 사진과 같이 몸이 균형을 잃도록 유도하여 지면에 몸이 뒤집혀 넘어 지도록 한다. 이후 잡은 왼손을 수평으로 돌려 손목이 꺾이도록 한 다음 오른 다리를 구부려 무릎으로 상대의 목부위를 체중을 실어 눌러 제압한다.

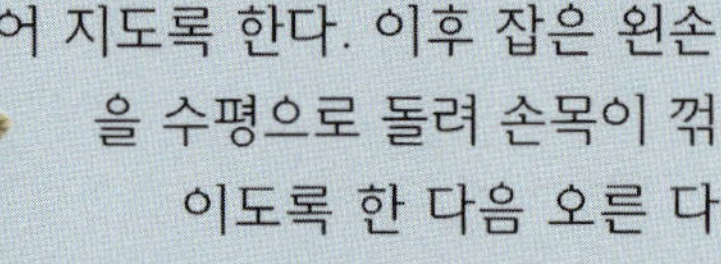

3. 머리(1)

Start

Explanation-3

왼발을 앞으로 일보 내딛는 동시에 상체를
낮추어 가능한 상대에게 몸을 밀착시키고,
이때 상대의 노출된 급소(낭심)를 사진과 같
이 오른발을 이용하여 힘껏 걷어 올려 찬다.

4. 머리 (2)

Start

Explanation-4

오른발을 앞으로 일보 내딛는 동시에 왼손으로는 머리를 잡고 있는 상대의 손을 감싸 잡아 고정시키고, 오른손은 배수도 자세로 상대의 상팔측면을 수평으로 밀어 치는 동시에 이어 세팔장을 이용하여 수직으로 내려 상대의 어깨관절을 제압하여 상체가 사진과 같이 숙이도록 한다. 다음으로 오른발 무릎차기를 이용하여 상대의 몸통을 가격하고 다시 반원뒷전환 자세로 바꾸어 사진과 같이 상대의 손팔목을 잡아 꺾어 던진다. 그리고, 마지막으로 잡았던 팔을 곧게 펴 손등이 지면을 향하도록 몸통과 대각이 되도록 한 다음, 오른 다리를 구부려 무릎부위로 상대의 팔꿈치 부분에 체중을 실어 눌러 제압한다.

5. 허 리

Start

Explanation-5

오른손으로는 상대의 머리 뒷부분을 사진과 같이 움켜잡아 후
하방으로 당기는 동시에 오른팔을 위로 힘차게 뻗은 다음 반배
수도 자세로 목을 내려치고 이어 왼손팔을 이용하여 삼각팔장으
로 목을 감싸 잡아 몸이 뒤틀릴 정도로 틀어 꺾어 지면에 쓰러트
린다. 그리고 마지막으로 오른쪽 세팔장을 이용하여 사진과 같
이 명치를 힘차게 가격하여 완전하게 제압한다.

6. 멱 살

Explanation-6

왼손을 이용하여 멱살을 잡은 상대의 손을 감싸 잡아 내서외로 돌려 손목을 꺾는 동시에 오른수팔로 팔꿈치를 수직으로 눌러 주고 오른발을 사진과 같이 등 뒤로 넘겨 상대의 어깨관절을 눌러 젖혀 제압한다.

다시 말해, 손목관절을 꺾은 다음 중팔목을 꺾고 마지막으로 어깨관절을 꺾어 제압한다.

이때, 중요한 점은 모든 꺾기 동작이 연속적으로 자연스럽게 꺾이도록 한다.

7. 악 수

Start

Explanation-7

사진과 같이 바꿔전환자세로 돌면서 상대의 손등
이 등허리 위치에 떨어지지 않도록 밀착시킨 다음
왼팔을 위로 곧게 뻗어 세수도로 힘차게 목을 내려
친다. 이때 넘어진 상대를 제압하기 위해 오른발을
내서외로 수평 돌려 상대의 오른팔이 양다리 사이에
위치케 하고 몸통이 구르지 않도록 두발로 지지한
다음 손목과 팔을 사진과 같이 꺾어 제압한다.

8. 옆에서 (1)

Start

Explanation-8

오른발을 옆으로 내딛어 상대에 밀착시키는 동시에 왼손으로 잡은
상대의 손을 감싸 잡고 이어 오른손목을 외서내로 돌려 빼는 동시에
팔짱으로 몸통을 수평으로 친다. 그리고 잡은 왼손을 이용하여 상대
의 팔을 돌려 세우고, 몸통을 수평으로 쳤던 팔을 수평으로 힘차게 뻗
어 외손목굽자세로 상대의 목을 감싸 잡아 머리를 뒤로 젖히게 하여
상체를 넘어뜨린다. 이때 오른발 족도로 턱관절 아래 목부위를 대각
으로 밀어 눌러 제압하고 왼손으로 상대의 왼팔이 위로 향하도록 잡
는 동시에 손을 수평으로 돌려 손목을 꺾어 목과 함께 사진과 같이 제
압한다.

9. 옆에서 (2)

Start

Explanation-9

　오른발을 상대의 뒤꿈치 뒷면에 위치하도록 일보 내딛는 동시에 왼손을 이용하여 잡은 상대의 손을 감싸 잡아 내서외로 돌려 손목을 꺾는 동시에 오른팔을 사진과 같이 180° 돌려 세워 반배수팔로 하전방 대각으로 내려 돌려 상대의 중팔과 어깨를 꺾이도록 한다. 이때 왼발의 위치를 반뒷전환 자세로 돌아서는 동시에 오른발을 구부려 무릎이 지면에 닿도록 하여 상대의 상체를 끌어당기기 쉽도록 자세를 갖추고 세수팔자세로 아래에서 위로 돌려 다시 아래로 당겨 상대의 상체를 사진과 같이 넘어뜨린다. 그리고 삼각발굽자세로 상대의 팔을 수평으로 돌려주는 동시에 오른발을 구부려 상대의 하팔을 체중을 실어 완전하게 제압한다. 이때 중요한 점은 무릎으로 상대의 몸통을 사진과 같이 동시에 눌러 준다.

10. 손 목

Explanation-10

오른발을 앞으로 일보 내딛는 동시에 잡힌 손을 내서 외로 들어 올려 손목을 역으로 잡은 다음 왼손 삼각수도로 목을 치고, 이어 자세를 반원뒷전환으로 돌아 선 다음 손목을 꺾어 등뒤로 당기며, 오른발을 구부려 무릎을 지면에 닿게 하여 몸을 지탱하고 왼발을 사진과 같이 돌려 차 사진과 같이 상대를 넘어뜨린다. 그리고 이어 잡은 손목을 잡아당기는 동시에 세수도로 몸통을 내려친다. 이때, 오른발 무릎으로 상대의 목을 체중을 실어 눌러 제압하도록 한다.

11. 손목엇갈려

Start

Explanation-11

오른발을 앞으로 일보 내딛는 동시에 왼손으로 잡힌 손등을 감싸 잡아 팔짱으로 명치 수평치고, 왼손은 그대로 손목잡고 이어 오른팔을 상대방의 겨드랑이 사이로 찔러 넣어 사진과 같이 몸쪽으로 당겨 상체가 지면을 향하도록 쓰러트린 다음 왼발을 이용하여 목덜미 쪽으로 붙여 상대방의 팔이 90° 위로 곧게 뻗게 하여 어깨 관절을 사진과 같이 제압한다. 이때 방향 전환 시 왼발 반원앞전환 자세를 이용하여 방향을 전환하도록 한다.

(2) 양수로 잡혔을 때 설명(예)

EXAMPLE

1. 한손목

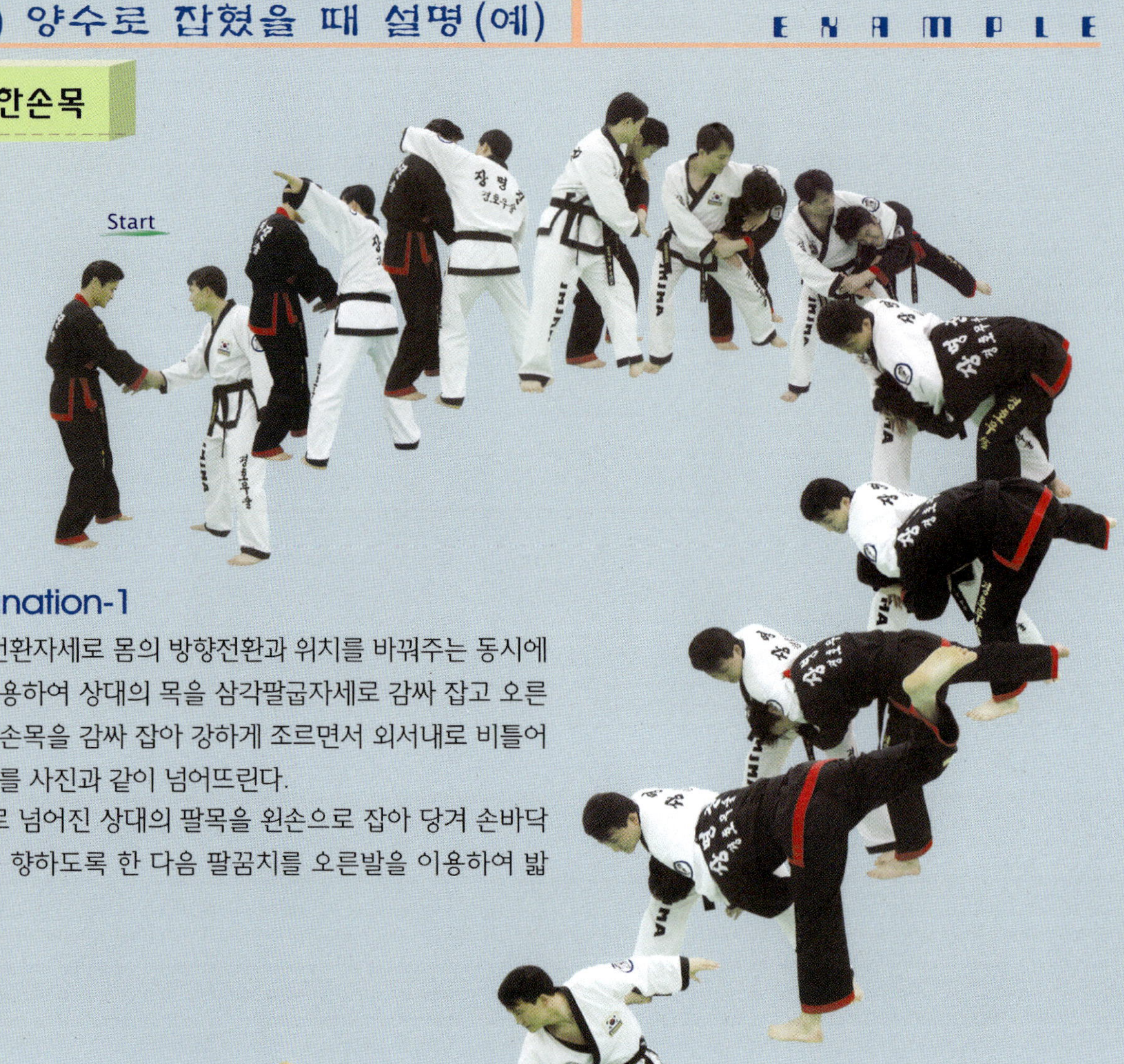

Explanation-1

바꿔앞전환자세로 몸의 방향전환과 위치를 바꿔주는 동시에 왼팔을 이용하여 상대의 목을 삼각팔굽자세로 감싸 잡고 오른손으로 외손목을 감싸 잡아 강하게 조르면서 외서내로 비틀어 꺾어 상대를 사진과 같이 넘어뜨린다.

다음으로 넘어진 상대의 팔목을 왼손으로 잡아 당겨 손바닥이 지면을 향하도록 한 다음 팔꿈치를 오른발을 이용하여 밟는다.

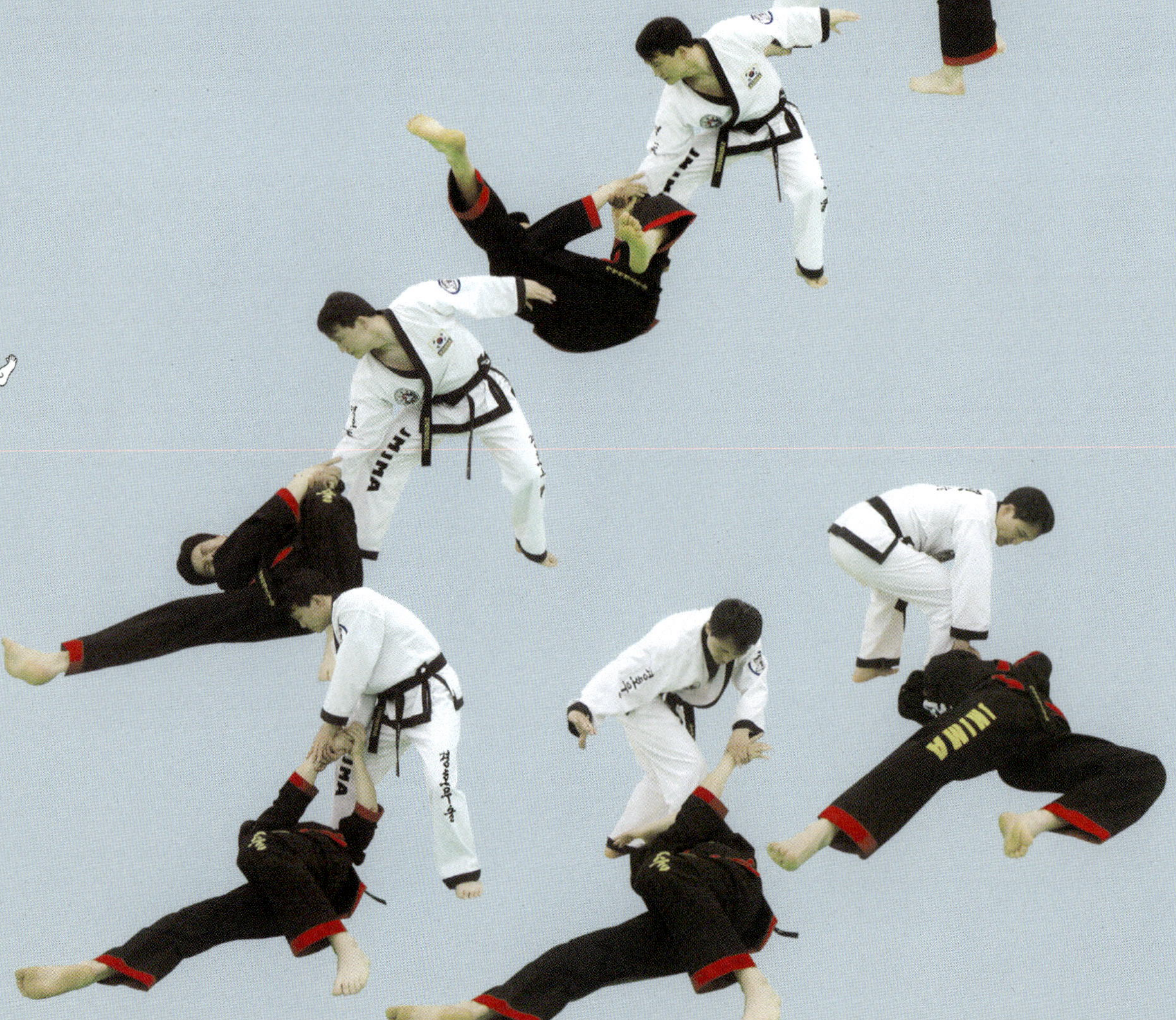

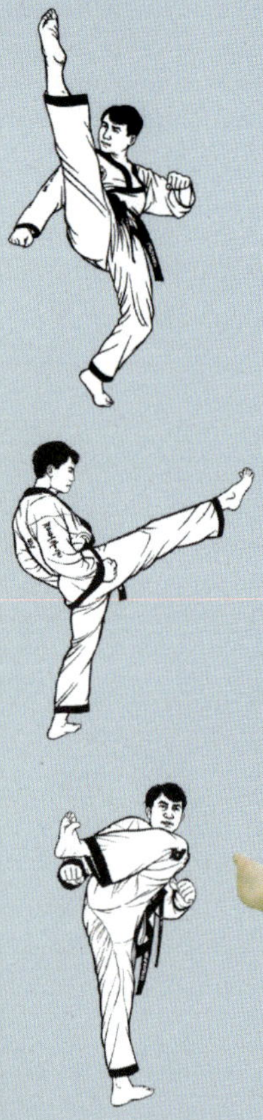

2. 손목(1)

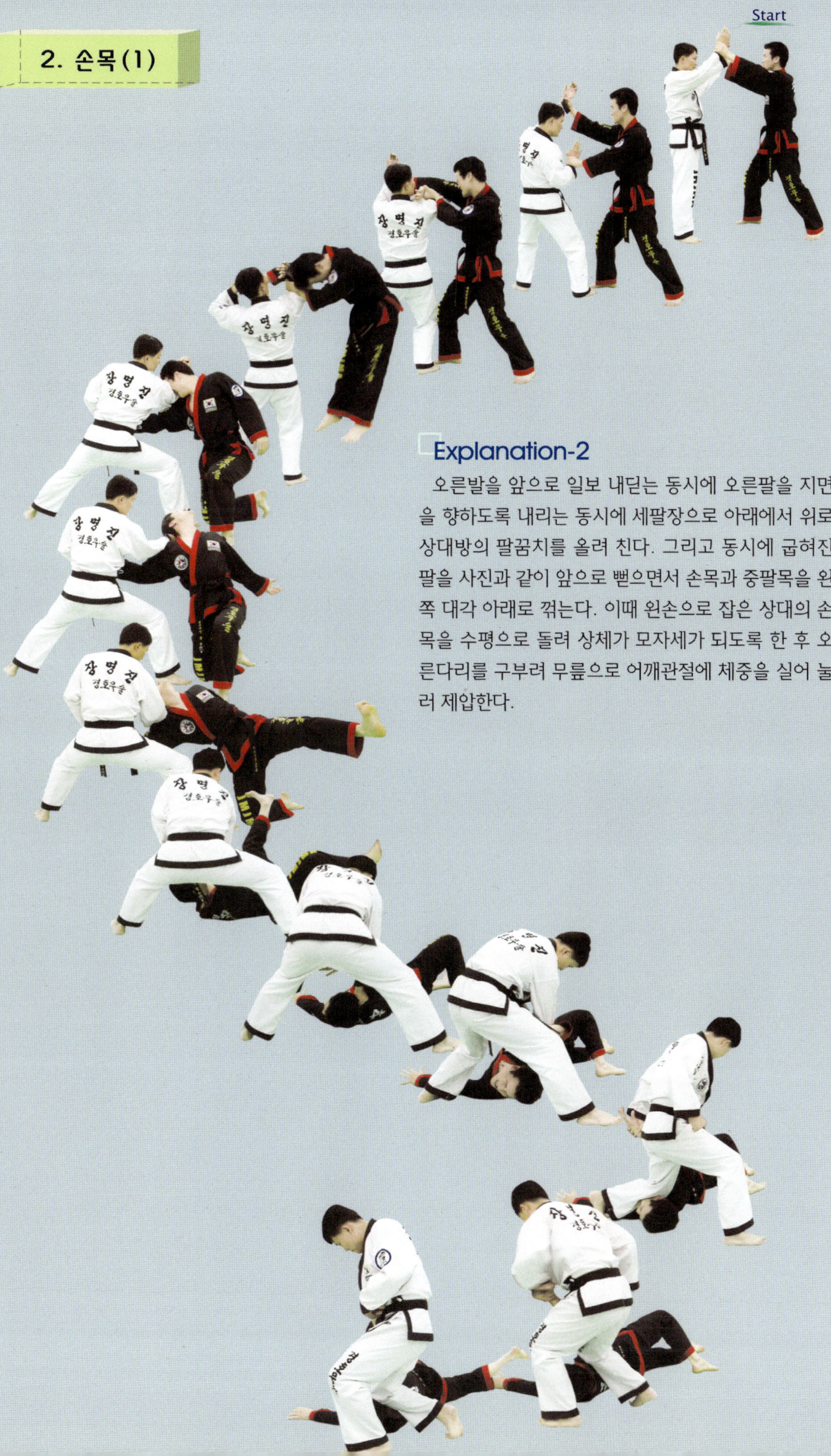

Explanation-2

오른발을 앞으로 일보 내딛는 동시에 오른팔을 지면을 향하도록 내리는 동시에 세팔장으로 아래에서 위로 상대방의 팔꿈치를 올려 친다. 그리고 동시에 굽혀진 팔을 사진과 같이 앞으로 뻗으면서 손목과 중팔목을 왼쪽 대각 아래로 꺾는다. 이때 왼손으로 잡은 상대의 손목을 수평으로 돌려 상체가 모자세가 되도록 한 후 오른다리를 구부려 무릎으로 어깨관절에 체중을 실어 눌러 제압한다.

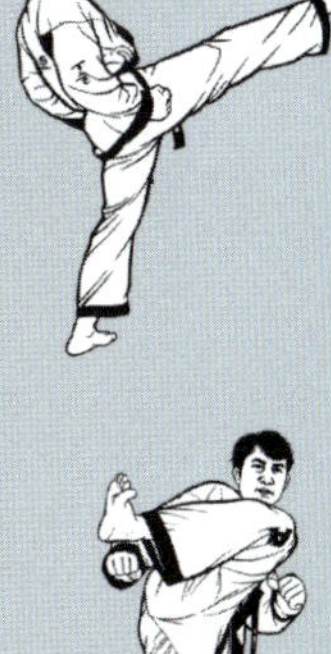

Start

Explanation-3

오른발을 앞으로 일보 내딛는 동시에 양팔을 좌에서 우로 180°로 크게 원을 그려 손목을 잡는다. 이때 중요한 것은 왼손으로는 그대로 손목을 잡고 오른손으로는 손을 360° 원으로 돌려 손목을 사진과 같이 내려 잡도록 하는데, 이때 엄지손가락이 위로 향하도록 세워 잡는다.

그리고, 다시 이어 손날을 세워 360°로 돌리면서 상대의 왼팔겨드랑이 사이로 손을 집어넣은 후 사진과 같이 엎어치기 자세로 전환한다.

즉, 바꿔앞전환자세로 위치를 바꾼 다음 어깨겨드랑이 관절을 걸어 앞으로 감아 던지면서 팔과 손목을 사진과 같이 꺾는 동시에 오른손으로 정권 내려친다.

4. 손목(3)

Start

Explanation-4

　잡혀있는 양팔을 가슴높이로 앞으로 뻗는 동시에 왼팔장으로 상대방의 명치를 강하게 친 다음 몸을 낮게 점프를 취하여 양발을 상대의 무릎관절 부위에 교차시켜 X로 틀어 무릎관절이 꺾이도록 유도한 다음 이어 앞으로 넘어지도록 몸통을 왼쪽으로 돌려 사진과 같이 상대의 왼발을 십자꺾기식으로 제압하면서 오른손을 이용하여 넘어져 있는 머리 뒷부분을 움켜잡아 끌어 당겨 완전하게 제압한다.

5. 중팔(1)

Start

Explanation-5

오른발을 앞으로 일보 내딛는 동시에 양팔을 머리위로 들어 올려 잡은 손 상대의 팔 안으로 돌려 좌우측 중팔목을 꺾는 동시에 좌우내손목굽으로 겨드랑이 어깨관절을 걸어 몸쪽으로 끌어당기고 이어서 오른발 무릎차기로 명치 찬다.

이때, 오른팔을 삼각발굽으로 목을 젖혀 던져 상체를 사진과 같이 넘어뜨린다.

그리고, 이와 동시에 왼팔을 이용해 상팔을 밀어 돌려준다. 이와 같은 동작이 동시에 이루어질 수 있도록 하며, 드러누운 상대의 몸통을 오른팔정권으로 내려친다.

6. 중팔(2)

Start

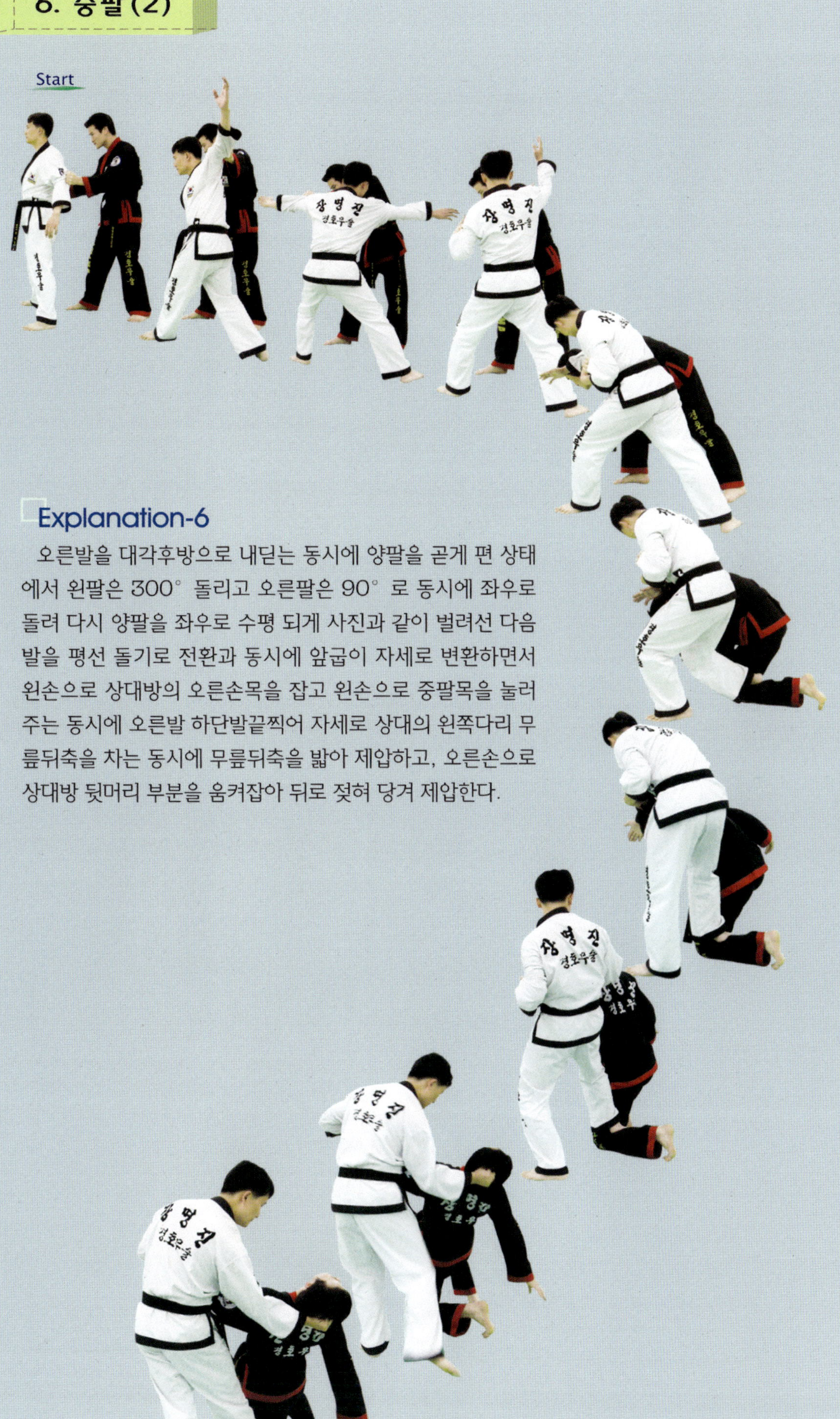

Explanation-6

　오른발을 대각후방으로 내딛는 동시에 양팔을 곧게 편 상태에서 왼팔은 300° 돌리고 오른팔은 90° 로 동시에 좌우로 돌려 다시 양팔을 좌우로 수평 되게 사진과 같이 벌려선 다음 발을 평선 돌기로 전환과 동시에 앞굽이 자세로 변환하면서 왼손으로 상대방의 오른손목을 잡고 왼손으로 중팔목을 눌러주는 동시에 오른발 하단발끝찍어 자세로 상대의 왼쪽다리 무릎뒤축을 차는 동시에 무릎뒤축을 밟아 제압하고, 오른손으로 상대방 뒷머리 부분을 움켜잡아 뒤로 젖혀 당겨 제압한다.

7. 어깨 (1)

Start

□ Explanation-7

　오른팔 수장으로 하관골, 즉, 턱 밑 부분에 갖다 대어 전
상방쪽으로 힘껏 밀어주는 동시에 왼손으로 상대의 머리
뒷부분을 움켜잡아 수직으로 지면을 향해 끌어당긴다. 이
때 전상방쪽으로 밀었던 오른손을 동시에 방향을 수직으
로 전환하여 밀어준다. 그리고 지면에 쓰러져 있는 상대의
머리를 측면으로 돌려 완전한 제압을 실시한다.

8. 어깨(2)

Start

Explanation8

오른팔은 어깨를 잡고 있는 상대방의 좌우팔사이로 들어 올려 오지관수도(수장)로 상대의 얼굴을 강하게 찍어 밀어 준다. 이때 주의할 점은 내뻗은 팔이 하전방향을 유지하여 상대의 상체가 사진과 같이 뒤로 넘어지도록 힘껏 밀어 준다.

경호무술

9. 어깨(3)

Start

Explanation-9

좌우무릎 오른쪽 대각으로 구부리는 동시에 상체를 사진과 같이 돌린 다음 오른발을 들어 뒤차기로 상대의 복부부분을 힘차게 밀어 찬다.

1. 몸 통

Start

Explanation-1

　왼발을 상대의 오른발 측후방으로 일보 내딛는 동시에 오른손은 상대방의 하관골 밑 부분 즉, 턱관절 부분을 감싸 잡는 동시에 왼손은 사진과 같이 머리 뒷부분을 움켜잡아 하방수직으로 밀고 당기는 방법으로 상대방의 상체를 뒤로 넘어뜨린 후 체중을 실어 엉덩이 부분으로 상대방의 가슴 명치 부분에 올라 타 움직이지 못하도록 제압한다.

2. 팔몸통(1)

Start

Explanation-2

오른발을 힘차게 일보 뒤로 내딛는 동시에 좌우측 팔을 뻗어 수장으로 고관절 앞쪽을 밀어주는 동시에 몸의 밀착이 순간 이완 수축되는 타이밍을 이용해 무릎올려차기로 상대방의 복부명치 또는 낭심을 걷어 차는 동시에 숙여진 상대의 상체 등 쪽을 세팔장으로 내려찍어 제압한다.

3. 팔몸통 (2)

Start

Explanation-3

왼발을 힘차게 뒤로 일보 내딛는 동시에 양손을 상대방의 고관절 부분에 갖다 대어 양팔을 뻗어 밀착된 몸을 이격시키는 동시에 오른 다리를 구부려 무릎이 지면에 닿도록 하여 상대방의 상체가 앞으로 기울도록 유도하여 상체를 후방낙법과 같이 뒤로 하면서 상대방을 끌어 당겨 머리위로 던진다. 이때 오른발을 상대의 복부부위에 갖다대어 들어올려 던지는 것이 중요한 기술이며, 좌우 내손목굽으로 상대의 겨드랑이 어깨관절 부분을 걸어 당기는 기술 또한 중요한 기술이다. 다음으로 사진과 같이 상대를 넘긴 다음에는 선법구르기 자세로 사진과 같이 올라 탄 다음, 세수도로 목을 마지막으로 가격하여 완전한 제압을 한다.

105

4. 뒤에서 몸통 (1)

Start

Explanation-4

오른발을 상대방의 오른발 측후방으로 일보 내딛는다. 이 때, 발의 위치가 상대방의 발측면에 붙도록 밀착시켜야 하며, 이와 동시에 오른팔을 상대방의 머리 뒤로 올려 손으로 머리뒷부분으로 움켜잡고 전하방 대각으로 돌려 목을 꺾은 다음 왼손을 이용하여 하관골, 즉, 턱부분을 감싸 잡아 사진과 같이 원으로 돌려 목을 꺾어 지면에 쓰러뜨린다. 다음으로 등 뒤로 사진과 같이 체중을 실어 올라타는 동시에 머리와 턱을 상후방으로 들어올려 목을 제차 꺾어 제압한다.

5. 뒤에서 몸통 (2)

Explanation-5

우선, 발의 스텝이 복잡한 것 같지만, 이 스텝은 전환법이다, 몸에 익혀두면 아주 간단한 스텝이라고 할 수 있다. 몸통을 깍지 껴잡은 상대의 손가락을 왼손을 이용하여 중지손가락만을 삼지모수도로 위로 당겨 관절을 대각으로 꺾이게 하여 깍지가 풀리도록 하는 동시에 발을 전환하여 수팔대각 꺾기로 손목과 중팔목을 제압한다. 그리고 , 다시 발을 반대로 전환하여 자세를 바꾸는 동시에 내손목굽을 이용하여 목을 당기는 동시에 내손목굽을 외손목굽으로 전환하여 수직으로 내려친다. 이때, 쓰러진 상대의 왼손목을 수평으로 돌려 꺾어 몸이 대각으로 세워지게 한 다음 좌우측 발을 옮겨 사진과 같이 제압한다.

6. 뒤에서 팔몸통

Start

Explanation-6

오른발을 측면으로 약간 내딛은 다음 하팔을 다시 수평으로 올린 다음 앞으로 내밀어 밀착되었던 몸을 순간 이격시키는 동시에 상팔을 좌우측으로 들어 올려 완전하게 제압을 해제시킨 다음 상체를 앞으로 숙여 양손을 이용하여 상대방의 오른발목을 감싸 잡아 앞으로 끌어당긴다.

이때, 중요한 것은 발을 끌어 당겨 올릴 때 엉덩이로 허벅지부분에 체중을 실어 눌러주는 기술이 매우 중요하다고 할 수 있다.

1. 앉아잡혔을 때(1)

Start

Explanation-1

　양손을 이용하여 상대의 오른 손팔목을 잡아 당겨 업어치는 기술인데 최초 오른손으로는 상대의 손목을 잡고, 왼손으로는 상팔 어깨 옷을 감싸 잡아당긴다.
　이때, 두 다리 무릎을 펴 엉덩이를 의자에서 띄우고 상체를 앞으로 힘차게 구부려 상대의 몸이 완전히 들리게 하여 사진과 같이 메친다.

Explanation-2

오른팔을 수평으로 들어 올려 앞으로 내딛은 상대방의 무릎 뒤축에 걸어 당기면서 왼팔을 수평으로 들어올려 허리를 후하방 방향으로 밀어 던진다.
이때, 좌우 팔이 동시에 밀고 당기도록 해야 하며, 지면에 강하게 넘어뜨리기 위해서는 의자에서 엉덩이를 들어 상체의 체중을 실어 주는 것이 중요하다고 할 수 있다.

3. 앉아잡혔을 때(3)

Explanation-3

오른손으로 머리 잡은 상대의 손을 감싸 잡고 동시에 왼손으로는 상대방의 허리띠를 잡아당기는 동시에 오른발을 들어 상대방의 복부부분에 갖다 대어 지지하며, 상체를 사진과 같이 뒤로 젖혀 상대방을 끌어 당겨 머리위로 던진다.

4. 앉아잡혔을 때(4)

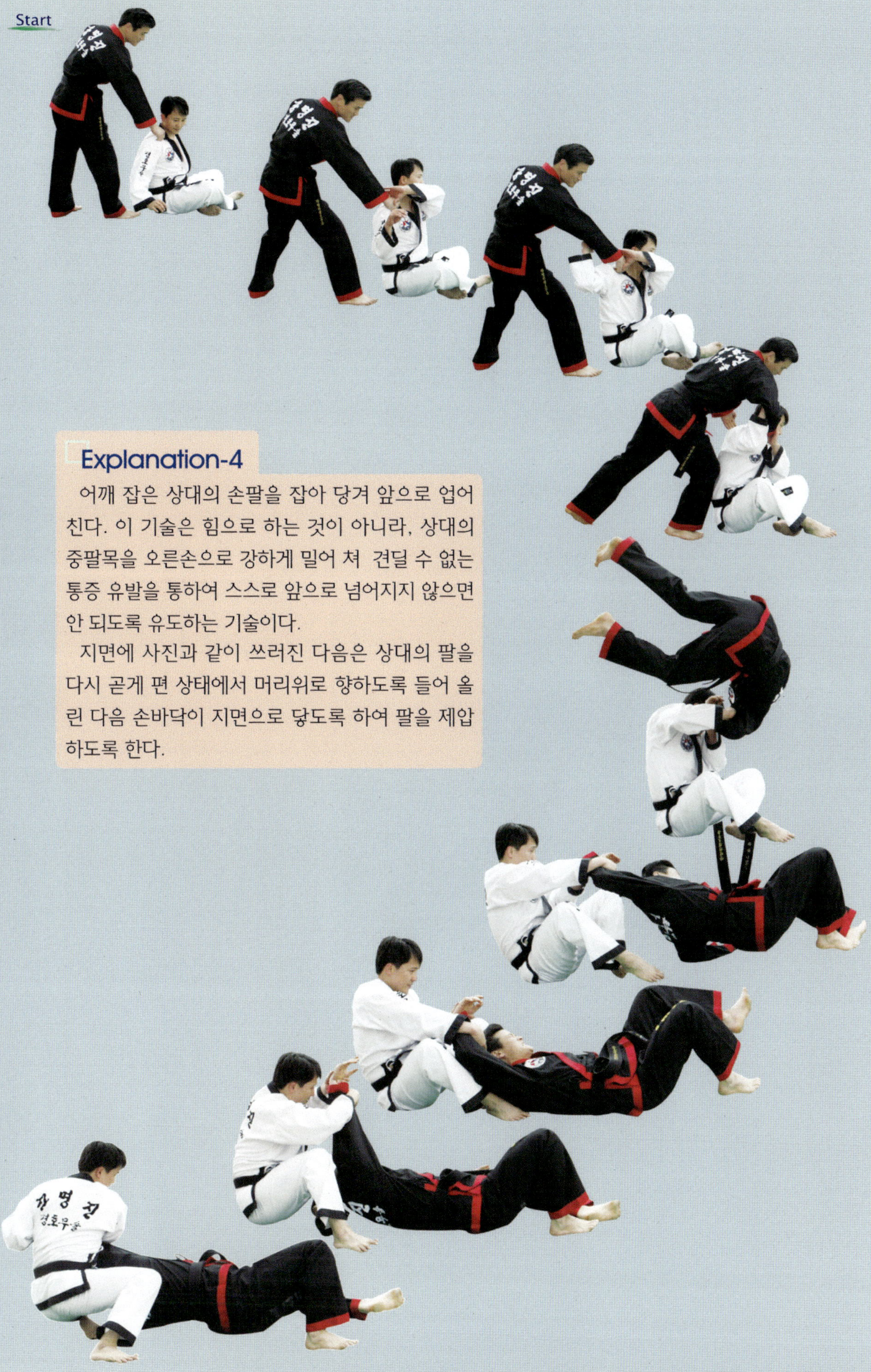

Start

Explanation-4

어깨 잡은 상대의 손팔을 잡아 당겨 앞으로 업어
친다. 이 기술은 힘으로 하는 것이 아니라, 상대의
중팔목을 오른손으로 강하게 밀어 쳐 견딜 수 없는
통증 유발을 통하여 스스로 앞으로 넘어지지 않으면
안 되도록 유도하는 기술이다.
　지면에 사진과 같이 쓰러진 다음은 상대의 팔을
다시 곧게 편 상태에서 머리위로 향하도록 들어 올
린 다음 손바닥이 지면으로 닿도록 하여 팔을 제압
하도록 한다.

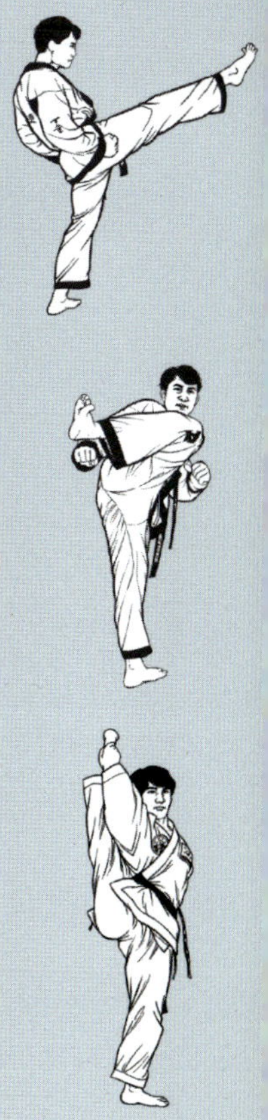

1. 누워서 잡혔을 때(1)

Start

Explanation-1

상대방이 복부위에 올라탄 경우 상대방의 왼손목과 중팔을 왼쪽으로 비틀어 꺾어 머리위로 댕기는 동시에 오른발 뒤꿈치가 엉덩이 부분에 미락시켜 허리를 전상방으로 순간 들어올려 상대방이 사진과 같이 전측방으로 쓰러뜨리도록 한다. 다음으로 측면으로 돌아 일어서 당겼던 상대방의 팔을 뒤로 꺾어 90° 들어 올려 제압한다.

Explanation-2

올라탄 상대방의 무릎부분을 좌우측 손을 이
용하여 잡는데 우선 왼손은 상대방의 오른발
무릎내측에 갖다대고 다음으로 오른손으로는
상대방의 왼발외측에 갔다 댄 상태에서 사진
과 같이 우전방으로 재껴 밀어 던지다 그리고
이어서 일어나며 오른발 발등 반달 내려찍어
차기 자세로 상대방의 얼굴을 강하게 가격하
며 제압한다.

3. 누워서 잡혔을 때(3)

Start

Explanation-3

올라탄 상대방의 무릎좌우측을 정면으로 사진과 같이 좌우측손을 갔다 댄 다음 상대방을 후방으로 밀치는 동시에 굽혀졌던 좌우측 무릎을 동시에 펴 상대방이 뒤로 넘어지도록 유도해 준다. 그리고 동시에 상체를 일으켜 앉아 자세를 취하도록 한다.

1. 엎어져서 잡혔을 때

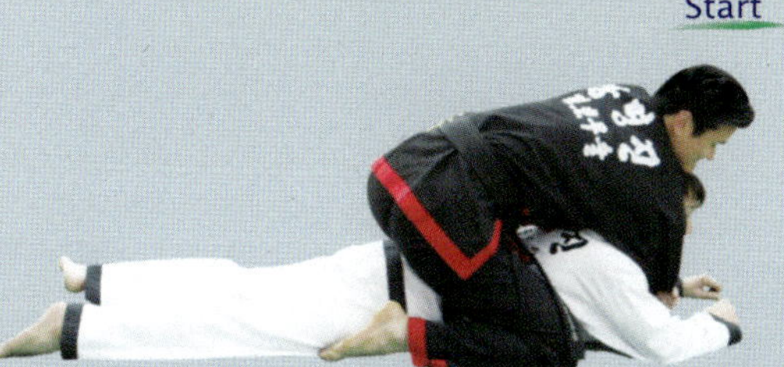

Start

Explanation-1

상대방이 등뒤에 올라타 팔로 목을 조르고 있을 때 우선 오른무릎을 구부려 측면으로 올린 상태에서 왼팔을 상대방의 겨드랑이 사이로 뻗어 올리는 동시에 왼쪽으로 돌려 사진과 같이 상대방의 몸의 위치가 바뀌도록 하여 제압된 몸을 해제하도록 한다.

경호무술 5

호위호신술법 2편

(7) 업어치려할때 설명 (예)

1. 업어치려 할때(1)

Start

Explanation-1

상대방이 업어치기 위해 전환하는 동시에
등을 밀착시키려는 순간 왼발 무릎을 이용해
상대방의 무릎 뒤축을 누르며 이어서 측면
으로 제껴준다. 이와 동시에 왼팔을 상대
방 어깨위로 올려 뻗은 다음 후하방 대각
으로 돌려 넘어뜨린다.

2. 업어치려 할때(2)

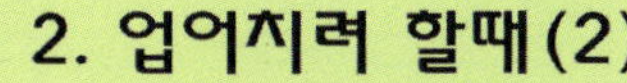

Start

Explanation-2

상대방이 업어치려고 할 때 우선, 사진과 같이 왼팔을 멱살을 잡은 상대방의 팔이 굽혀지는 순간 굽혀진 중팔목 사이에 세팔장을 끼워 순간 저지시키는 동시에 팔을 상대방의 턱밑으로 곧게 뻗어 넣어 측후방 대각선으로 상대방을 사진과 같이 지면에 넘어뜨린다. 이때, 중요한 것은 상대방이 업어치기 위해 돌어서는 순간 상대방의 무릎 뒤축을 왼발 무릎으로 밀착시켜 붙여 지지해주는 것이 매우 중요한 기술이 된다.

3. 업어치려 할때(3)

Explanation-3

상대방이 멱살을 잡아 업어 치려고 할 때 왼손으로는 상대의 어깨위로 상팔을 잡아 대각수평원형으로 당기는 동시에 상대방의 몸의 균형이 쉽게 잃게 유도하기 위하여 왼쪽다리를 구부려 무릎을 세운 다음 상대방의 왼발 무릎 위 뒤축을 하전방으로 순간 눌러 돌려준다.

이러한 기술은 허리기술이 간접 영향권에서 매우 중요하게 역할을 한다는 점을 유의하도록 한다.

4. 업어치려 할때 (4)

경호무술 5
호위호신술법 2편

Explanation-4

상대방이 업어치기 위해 등으로 밀착시키려 접근
하는 순간 몸의 중심을 왼발쪽에 주면서 상대방의
머리를 사진과 같이 힘껏 움켜잡아 측후방 대각으로
목을 꺾어 과감하게 상대방을 넘어뜨린다.

5. 업어치려 할때(5)

Explanation-5

멱살을 잡아 업어 치려고 할 때에 왼팔을 이용하여 상대의 잡은 오른팔 중관절 측면으로 갖다 대어 꺾어 저지한 다음, 왼팔을 상대의 상팔 안쪽으로 밀어 내려 누르는 동시에 어깨 옷깃을 잡아당기고, 오른팔로는 상대방의 왼팔겨드랑이 사이로 뻗어 몸통을 감싸 잡아 사진과 같이 과감하게 역으로 업어 친다.

6. 업어치려 할때(6)

Start

Explanation-6

상대방이 멱살을 잡아 업어 치려고 할 때 왼팔을 곧게 뻗어 상대방의 목높이로 수평 대각 원형으로 돌려 친다. 이때 팔이 상대방의 턱 아래로 걸어 대각 반원형으로 돌려 치는 것이 매우 중요하다고 할 수 있다.

7. 업어치려 할때(7)

Explanation-7

상대방이 멱살을 잡아 업어 치려고 할 때 왼손으로는 상대의 상대방이 업어치기 위해 전환하여 등을 돌려 밀착하려는 순간 왼팔을 전상대각으로 올려 상대방의 왼팔 겨드랑이 사이로 밀착시켜 측후방 대각으로 원을 그리듯이 돌려 사진과 같이 상대방을 넘어트린다.

8. 업어치려 할때(8)

Explanation-8

상대방의 업어치는 동작에 순응하여, 상대방을 역제압하는 기술이라고 할 수 있다. 따라서, 상대방이 힘있고, 빠르게 할수록 역제압에 유리하기 때문에 상대방의 힘과 스피드에 호응하도록 노력하면서 사진과 같이 업어치려는 방향에 맞추어 오른발을 상대방의 다리사이로 넣는 동시에 상체를 들어 앞으로 구르는 동시에 지면에 떨어지기 직전 상대방의 목과 팔을 잡아 끌어 당겨 지면에 닿는 순간 넘어뜨려 역제압한다.

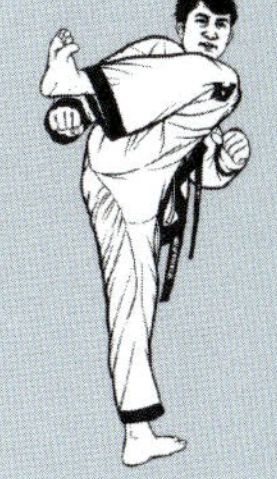

125

9. 업어치려 할때(9)

Start

Explanation-9

허리가 굽혀진 상태에서 상체가 사진과 같이 상대방에게 안겨 잡혀있는 경우 상대방의 좌우측 뒤꿈치 발목부분을 당기는 동시에 하체를 전상방으로 밀쳐 균형을 잃게 하여 지면에 상대방을 쓰러뜨리게 한다음 상대와 몸의 위치가 바뀌도록 한다. 다음으로 상체를 일으켜 상대방의 가슴부분에 앉아 역제압한다.

V
5. 경호무술 호위호신술법 2편
경호무술 5
호위호신술법 2편

1. 치려할 때(1)

Explanation-1

왼발을 앞으로 조금 내딛는 동시에 왼팔을 전상방대각으로 곧게 뻗어 상대방의 하팔부분을 회쳐 막아 내리는 동시에 오른팔을 들어 위에서 아래로 중팔관절을 반배수도로 내려친다.

이때, 오른발을 일보 앞으로 내딛는다. 그리고 이어 오른팔 평수도로 상대의 목 측후방을 사진과 같이 강하게 가격하여 제압한다.

2. 치려할 때(2)

경호무술 5
호위호신술법 2편

Explanation-2

우선 상대의 평정권을 피하기 위해 상체를 순간 뒤로 하는 동시에 양팔을 곧게 뻗어 왼팔은 상대방의 팔위로 하고 오른팔은 아래로 하여 상대방의 팔을 잡는다. 그리고 동작의 끊임이 없도록 바꿔 반원앞전환자세로 전환한다. 이때 중요한 것은 왼손으로는 상대방의 손목을 잡아당기면서 오른팔로는 팔짱으로 상대방의 등 뒤 견갑골 부분에 있는 급소점을 수평으로 가격하여 제압한다.

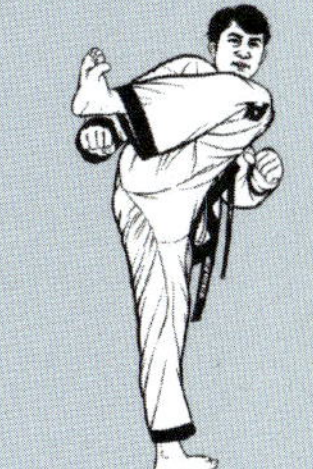

3. 치려할 때(3)

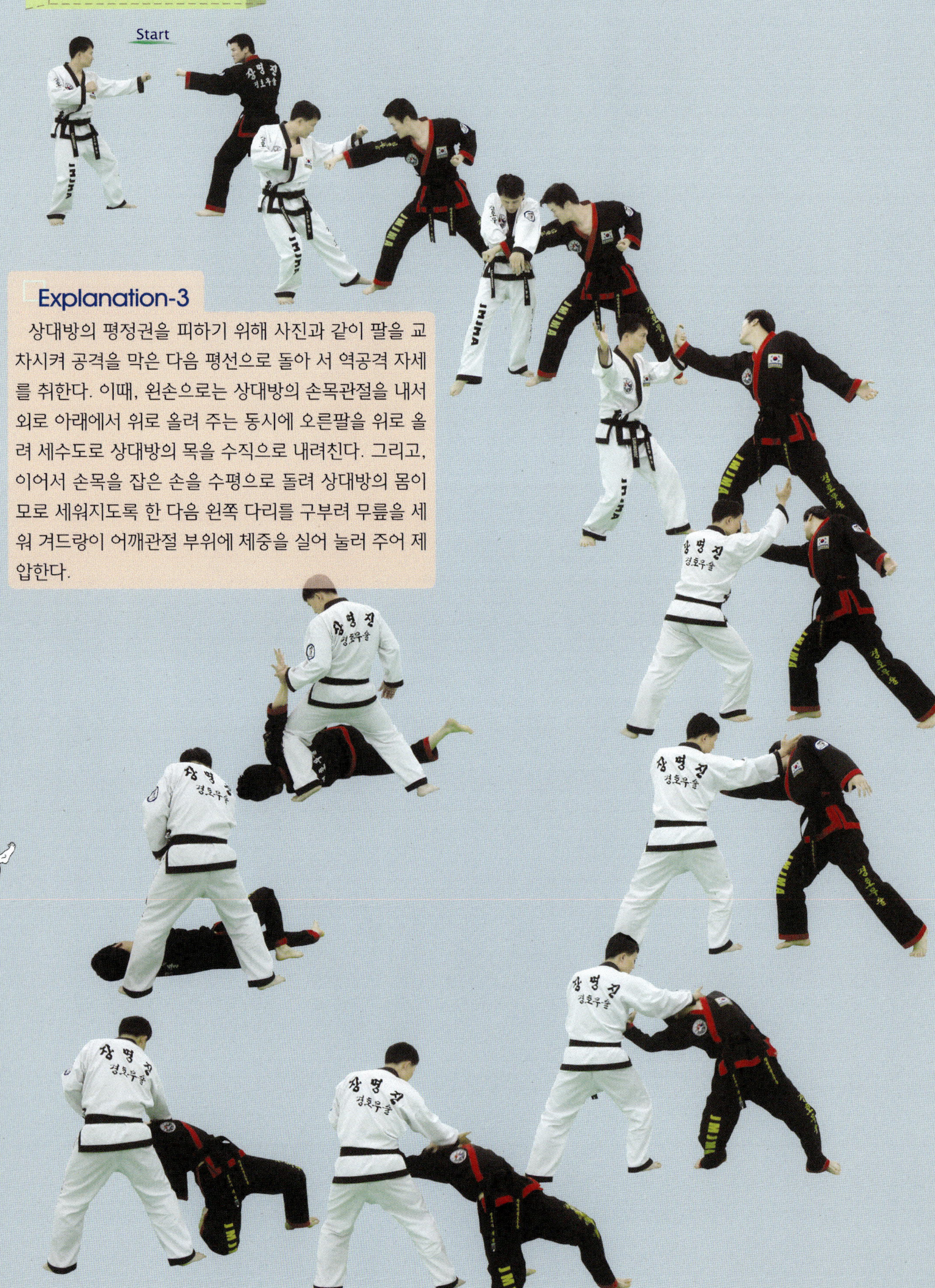

Explanation-3

상대방의 평정권을 피하기 위해 사진과 같이 팔을 교차시켜 공격을 막은 다음 평선으로 돌아 서 역공격 자세를 취한다. 이때, 왼손으로는 상대방의 손목관절을 내서 외로 아래에서 위로 올려 주는 동시에 오른팔을 위로 올려 세수도로 상대방의 목을 수직으로 내려친다. 그리고, 이어서 손목을 잡은 손을 수평으로 돌려 상대방의 몸이 모로 세워지도록 한 다음 왼쪽 다리를 구부려 무릎을 세워 겨드랑이 어깨관절 부위에 체중을 실어 눌러 주어 제압한다.

4. 치려할 때(4)

Start

Explanation-4

  상대가 오른손으로 손목을 잡아 끌어당기는 동시에 오른팔 평팔굽장으로 얼굴을 치려할 때 평선으로 돌아서는 동시에 체중을 뒤로 주어 피하면서 다시 본래의 자세, 즉, 평선으로 돌아서면서 잡혔던 오른팔을 이용하여 수평후 하방 대각으로 밀쳐내 넘어뜨린 후 상대의 오른 손목을 잡아 어깨 등 뒤로 돌려 세운 다음, 오른발을 구부려 무릎으로 상대방의 상팔을 밀착 지지시켜 팔을 뒤로 젖혀 제압한다.

경호무술

5. 치려할 때(5)

Explanation-5

상대방 오른발 무릎측면을 발끝찍어차
기로 힘차게 측하방향으로 내려 차 사진
과 같이 제압한다.

6. 지려할 때 (6)

Explanation-6

상대방의 오른발 무릎 측후면을 발등반달내려찍어차기로 힘차게 차 제압한다.

이때, 중요한 것은 자세를 바르게 하기 위해서는 사진과 같이 의자에서 엉덩이를 띠어 일어선 자세에서 발을 뻗어야 한다.

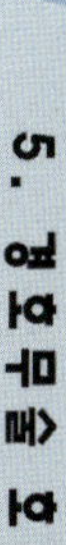

133

7. 치려할 때(7)

Explanation-7

상대방의 오른발을 오른팔 삼각 팔굽으로 사진과 같이 걸어 들어올리는 동시에 왼수팔을 이용하여 가슴부분을 힘차게 뒤로 밀어 넘어트린다.

이때, 동작은 신속, 과감하게 실시해야 하며, 의자에서 힘차게 일어나 사진과 같이 상대를 들어 올려 던져 제압한다.

8. 지려할 때(8)

Explanation-8

상대방이 삼단봉을 들어 공격하려 할 때에는 체중을 뒤로 하여 상체를 안전하게 하는 동시에 사진과 같이 앞차기를 이용하여 신속, 과감하게 상대의 목부분을 가격하여 제압한다.

GUARD MILITARY
경호무술

(2) 차려할 때 설명 (예)

Start

1. 차려할 때(1)

Explanation-1

상대방이 발끝찍어 차기로 공격하려고
할 때에 뒤굽서기 자세에서 앞굽서기자세
로 전환하는 동시에 왼손팔을 이용하여
상대방의 팔을 사진과 같이 감싸잡는 동
시에 오른손으로 왼손목을 잡아 끌어 당
기면서 상대방을 쓰러뜨린다. 그리고 이
어서 상대방의 발을 사진과 같이 고정시
키는 동시에 머리를 잡아 당겨 제압한다.

137

2. 차려할 때(2)

경호무술

Explanation-2

상대방이 발을 들어 발차기 공격을 시도하려고 할 때에 발을 들어올리는 즉시, 사진과 같이 하단족기지르기와 같은 방법으로 상대방의 발목 바로 윗부분을 가격하여 제압한다.

3. 차려할 때(3)

Start

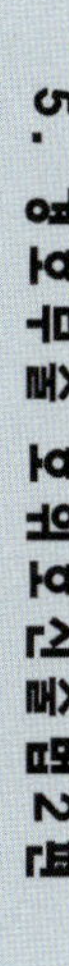

Explanation-3

　전환선법에서의 전환법과 권무형법에서의 권법2번으로 혼용한 기술이라고 할 수 있다. 우선, 상대방의 옆차기를 전환하여 피하면서 왼팔 삼각팔굽으로 다리를 감싸 잡는 동시에 평선으로 돌아 오른손으로 상대의 왼발목 후면을 감싸 잡아 당겨 넘어트린 후 사진과 같이 오른손으로는 발목을 잡아당기고 오른발 무릎으로는 몸통에 체중을 실어 제압한다.

4. 차려할 때(4)

경호무술

Explanation-4

접근해오는 상대의 명치부분
을 족장 밀어차기로 신속, 과감
하게 공격하여 제압한다.

5. 차려할 때(5)

Explanation-5

공격해 오는 상대의 턱관절(하관
골)을 족장밀어차기로 신속, 과감
하게 공격하여 제압한다.

6. 차려할 때 (6)

Explanation-6
접근해오는 상대의 얼굴측면을
발끝찍어차기로 신속, 과감하게
공격하여 제압한다.

7. 차려할 때(7)

Explanation-7

접근해 오는 상대방의 무릎
관절 부위를 족장밀어차기로
신속, 과감하게 가격하여 제압
한다.

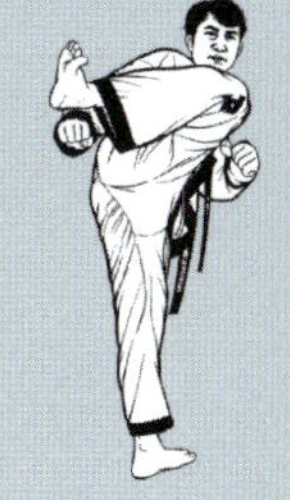

143

8. 차려할 때(8)

▣ Explanation-8

왼발을 전측방으로 약간 이동 시
킨 다음 왼팔 삼각팔굽으로 감싸
잡는 동시에 오른외손목굽으로 무
릎관절을 꺾어 수직으로 눌러 상체
를 쓰러트린 다음 잡은 발을 가슴
까지 들어 올려 제압한다.

9. 차려할 때(9)

Explanation-9

상대방이 서서돌려차기로 공격하려고 할
때에 노출된 하단부분의 허점을 이용 앉아
돌려차기로 공격하여 상대방을 역제압한다.

Start

145

10. 차려할 때(10)

Explanation-10

오른발을 상대방의 오른발측면으로 내딛는 동시에 오른삼각팔굽으로 감싸 잡아 순간 들어올린 다음, 들어 올려진 상대를 측후방대각으로 넘어뜨린다. 이때, 왼팔을 이용하여 상대방의 오른다리를 밀착시키는 동시에 겨드랑이로 발목을 감싸 잡아 체중을 뒤로 하여 제압한다.

11. 차려할 때(11)

Explanation-11

상대방의 발끝찍어차기를 양손바닥(수장)으로 측하방 끌어내리는 동시에 역으로 얼굴측면을 발끝찍어차기로 가격하여 제압한다.

5. 무기공격시

1. 봉공격(1)

Start

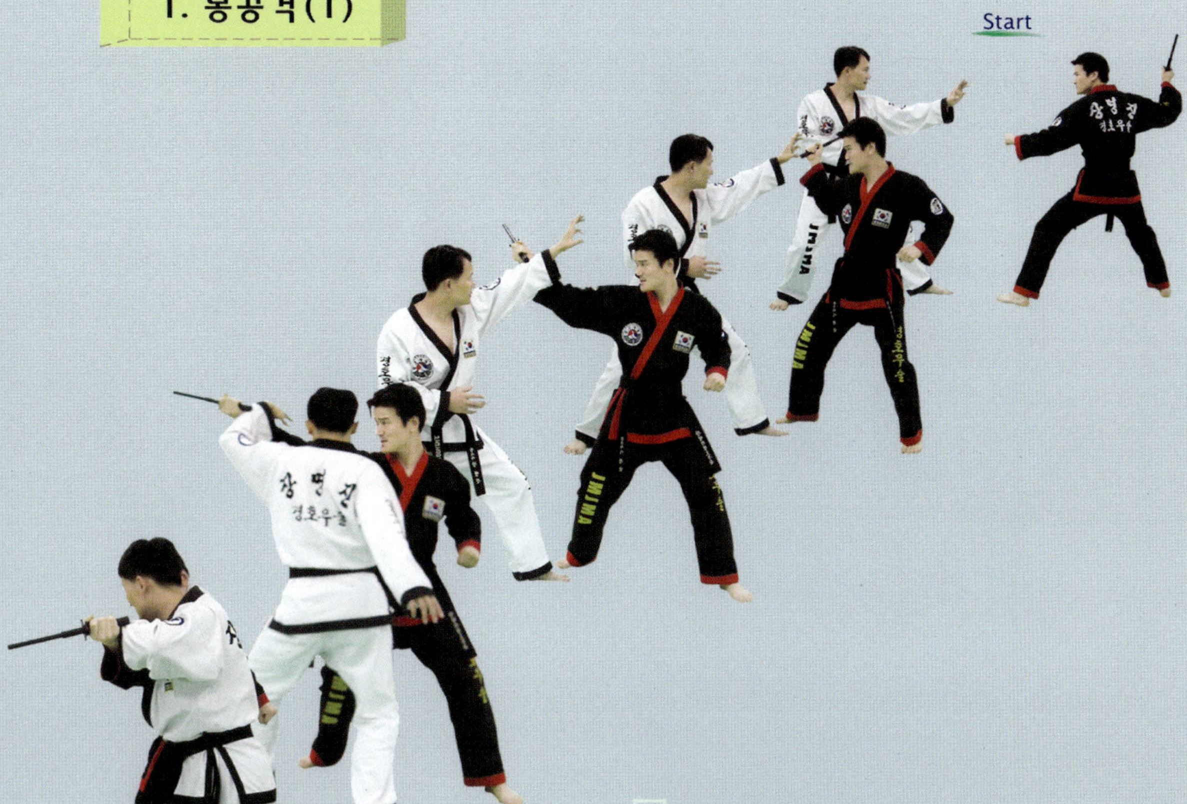

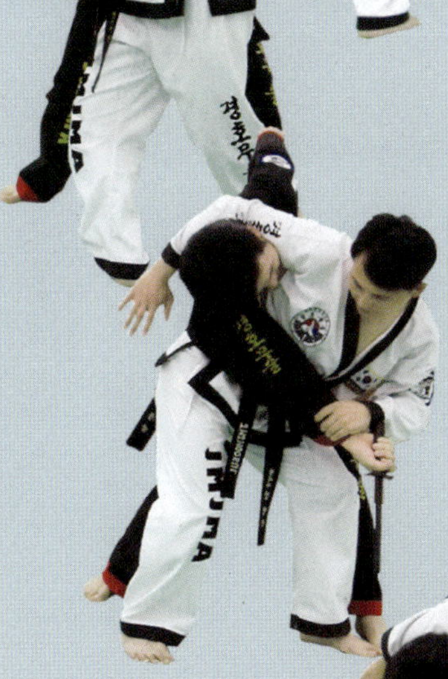

Explanation-1

치려는 상대의 팔을 왼팔을 이용하여 막는 동시에
전환과 동시에 손목을 잡는다. 그리고 오른팔로는
삼각팔굽으로 목을 힘껏 감싸 잡아 조르는 동시에
사진과 같이 업어치기로 제압한다. 이 모든 동작을
바꿔앞전환 자세로 전환하여 연결해 주도록 한다.

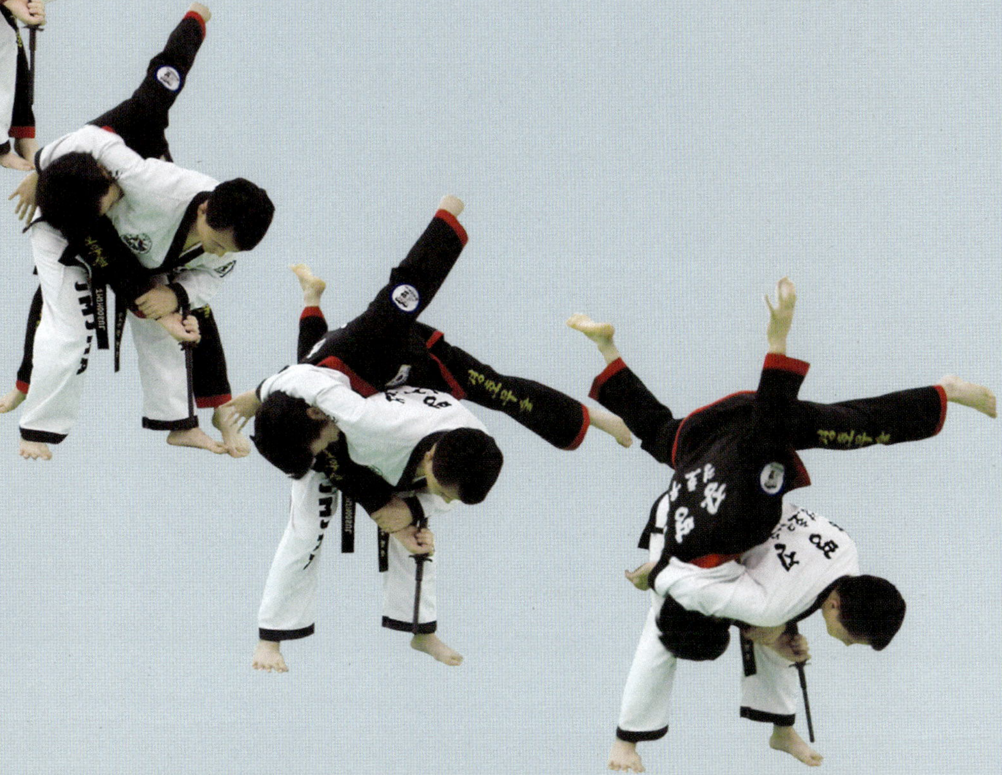

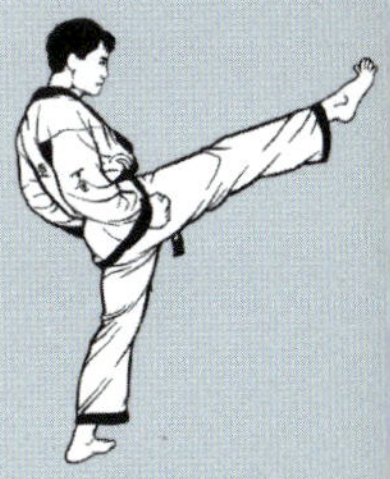

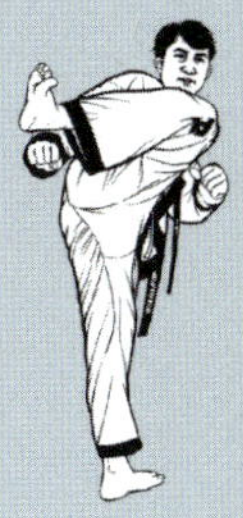

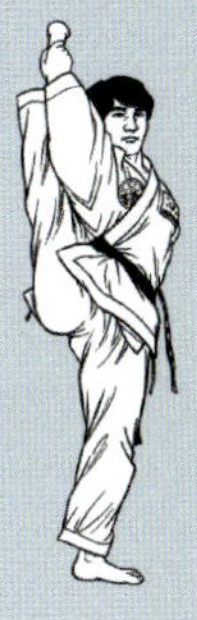

2. 봉공격(2)

Start

Explanation-2

반뒤굽서기 자세에서 앞굽서기자세로 전환하는 동시에 오른팔 얼굴막기로 상대방의 치는 손목을 사진과 같이 막는 동시에 반원형으로 팔을 내린다. 그리고 이어 오른발을 앞으로 반뒤굽서기로 내딛는 동시에 하후방으로 상대방의 팔을 꺾고 이어 삼각수도로 목을 가격하여 쓰러뜨러 제압한다. 그리고 왼발무릎으로 목에 체중을 실어 누르고, 오른팔을 뒤로 꺾어 90°로 세워 동시에 제압한다.

Start

Explanation-3

　허리를 구부려 상체를 90° 로 숙여 상
대방의 공격을 피하고 다시 사진과 같이
점프하여 2차 상대의 공격을 피한 다음 착
지와 동시에 발등반달내려찍어차기로 상
대방의 무릎뒤축을 가격하여 쓰러트리는
동시에 왼발을 이용하여 돌려차기 자세로
상대의 등을 힘차게 가격하여 상체를 완전
히 쓰러뜨려 제압한다.

151

1. 검·칼공격(1)

Start

Explanation-1

왼발하단발끝찍어차기
자세로 상대의 무릎관절
측면을 가격하여 제압한다.

2. 검·칼공격 (2)

Start

Explanation-2

상체를 오른쪽 측면으로 순간 피하는 동시에 왼손으로 상대방의 칼을 든 손목을 잡는 동시에 세팔굽으로 상대방의 중팔목을 강하게 가격하여 칼을 떨어뜨리도록 한다.

3. 검 · 칼공격(3)

3. 검 · 칼공격(3)

Explanation-3

내딛은 오른발을 그대로 들어올려
상대방의 낭심을 강하게 가격한다.

4. 검·칼공격 (4)

▣ Explanation-4

　반뒤굽서기 자세에서 반앞굽서기 자세로 전환하는 동시에 칼을 들어 찌르려는 팔을 좌우측 팔외손목굽을 이용하여 사진과 같이 교차시켜 막는 동시에 오른발 무릎올려차기로 명치 복부를 강하게 가격하여 제압한다.

5. 검 · 칼공격(5)

Start

Explanation-5

대각앞굽서기 자세로 전환하는 동시에 칼을 들어 찌르려는 상대의 팔목을 좌우측팔을 교차시켜 막은 다음 반뒷전환하여 반뒤굽서기 자세에서 막았던 팔을 360° 상하로 돌려 꺾어 제압한다. 다음으로 쓰러진 상대의 팔을 위로 끌어당겨 세우는 동시에 왼발무릎을 이용하여 칼을 잡은 어깨 관절에 체중을 실어 눌러 제압한다.

6. 검 · 칼공격(6)

Explanation-6

오른발을 앞으로 일보 내딛는 동시에 왼
팔을 전상방으로 뻗어 칼을 들어 찌르는 팔
을 외손목굽으로 막고 오른팔을 외서내로
팔을 감아 외손목굽으로 고정시켜 중팔목
을 뒤로 꺾어 상체를 넘어트려 제압한다.

Start

Explanation-7

반뒤굽서기 자세에서 앞굽서기 자세로 신속히 전환해 주는 동시에 오른팔을 전상방으로 뻗어 검날 측면을 막는 동시에 오른쪽으로 반원형으로 내려 검을 잡은 상대의 손목을 꺾어 검을 떨어뜨리게 한다. 그리고 이어 팔을 뒤로 꺾는 동시에 무릎올려차기로 명치복부를 가격하는 동시에 오른팔 세팔굽장으로 등을 강하게 내리쳐 상체를 지면에 쓰러트린 후 팔을 등 뒤로 90° 들어 올리면서 오른발 무릎을 구부려 목에 체중을 실어 제압한다.

GUARD MILITARY

경호무술

8. 검·칼공격(8)

Start

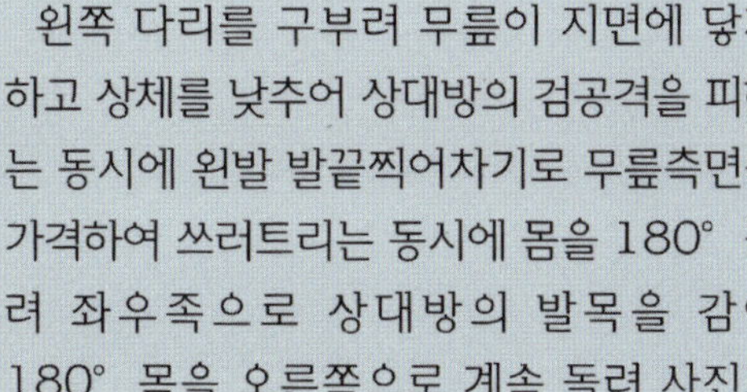

Explanation-8

왼쪽 다리를 구부려 무릎이 지면에 닿게
하고 상체를 낮추어 상대방의 검공격을 피하
는 동시에 왼발 발끝찍어차기로 무릎측면을
가격하여 쓰러트리는 동시에 몸을 180° 돌
려 좌우족으로 상대방의 발목을 감아
180° 몸을 오른쪽으로 계속 돌려 사진과
같이 완전히 제압한다.

(3) 총공격시 설명(예)

1. 총공격(1)

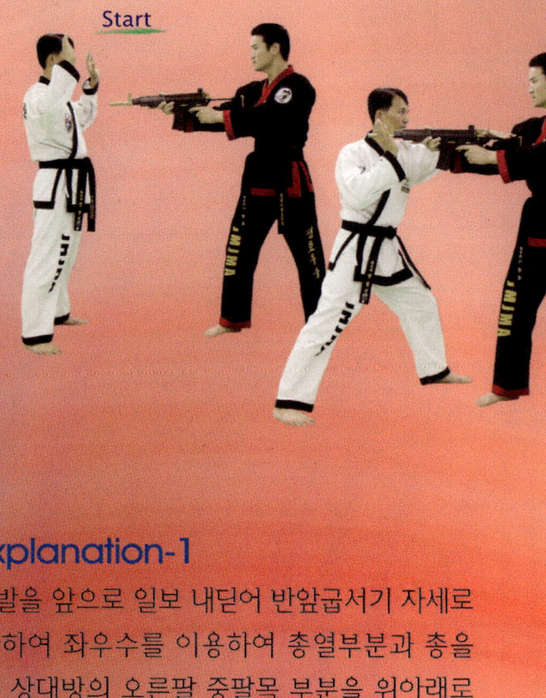

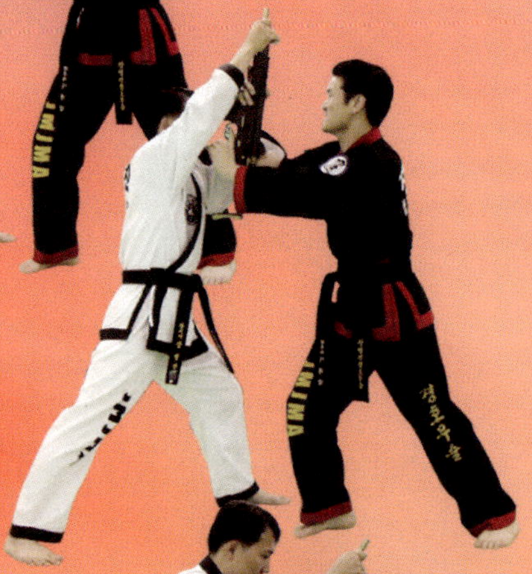

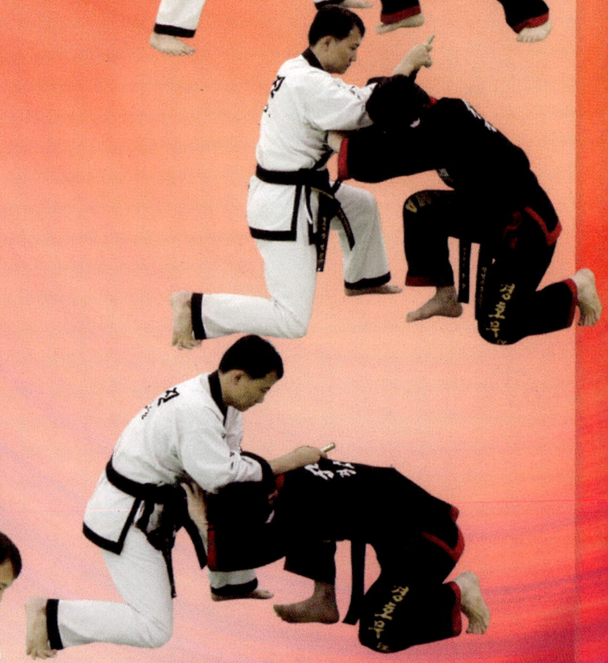

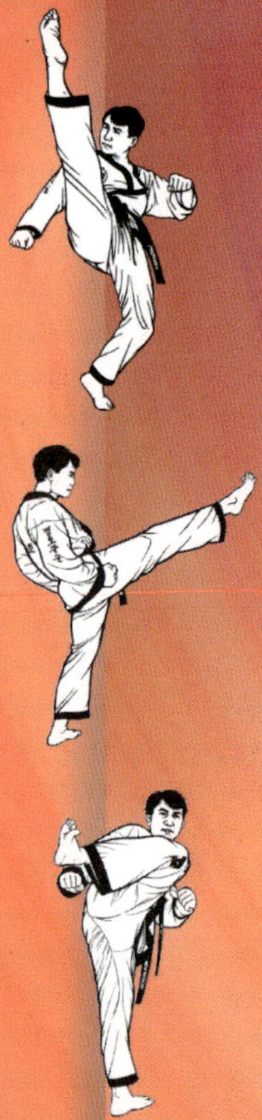

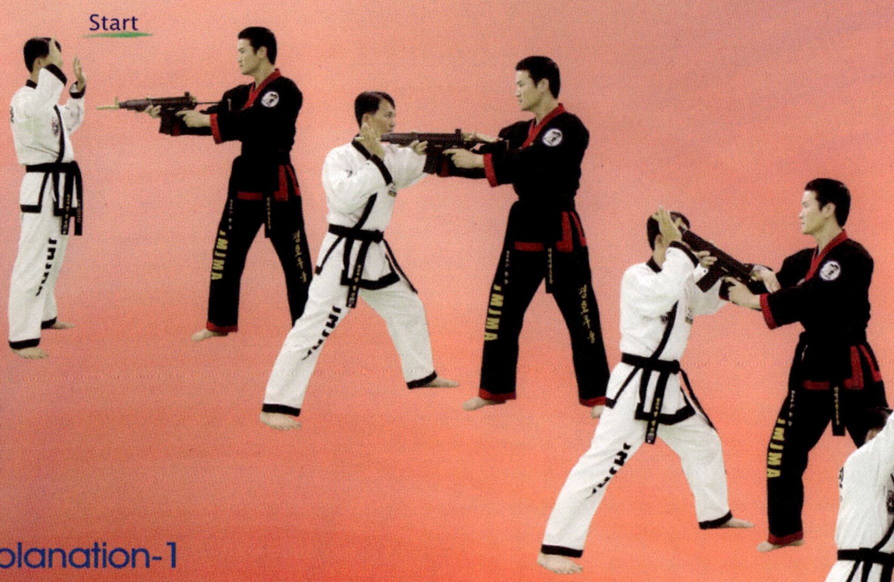

Explanation-1

왼발을 앞으로 일보 내딛어 반앞굽서기 자세로 전환하여 좌우수를 이용하여 총열부분과 총을 잡은 상대방의 오른팔 중팔목 부분을 위아래로 동시에 사진과 같이 비트는 동시에 오른쪽 다리를 구부려 무릎을 지면에 닿게 한다. 특히, 잡은 총은 360° 원형으로 돌리는 동시에 위아래로 내려 총을 역으로 탈취하여 사진과 같이 잡는다.

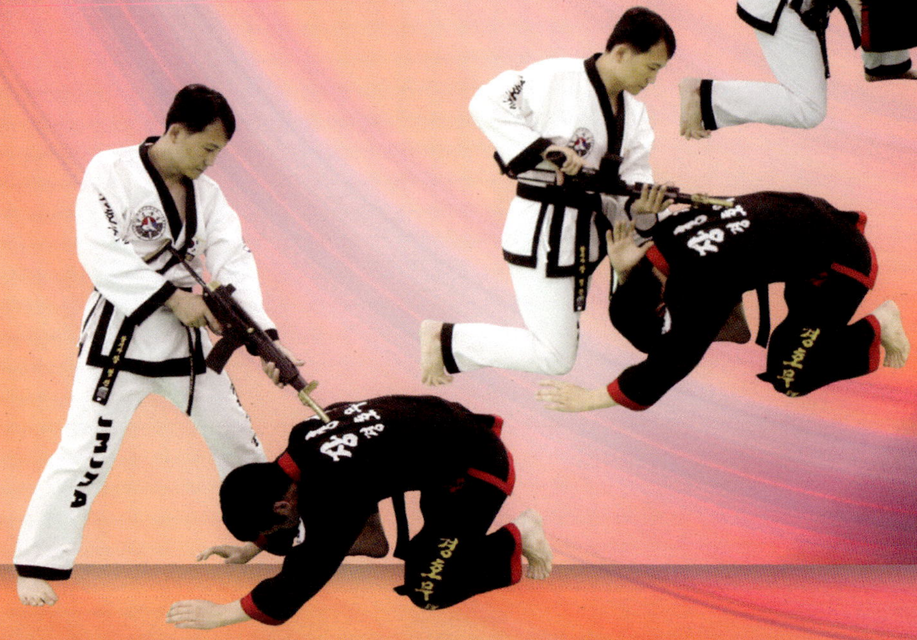

2. 총공격(2)

□Explanation-2

오른발 안다리 돌려차기로 총측면을
차고 이어서 왼발을 이용하여 뒤차기로
상대방의 명치복부를 힘차게 차 사진과
같이 제압한다.

3. 종공격(3)

Start

Explanation-3

오른발 안다리내려찍어차기로 거총한 상대방의 왼팔중팔목을 가격하는 동시에 이어서 발등반달내려찍어차기 자세로 목을 가격하여 완전하게 제압한다.

특히, 복식발차기로 동작을 구사하기 때문에 신속ㆍ정확ㆍ과감한 자세가 크게 요구되는 기술이라고 할 수 있다.

4. 총공격(4)

Explanation-4

반원바꿔전환자세로 전환하는 동시에 왼손으로 총열을 내서 외로 측면을 잡는 동시에 오른팔 삼각팔굽을 이용하여 목을 감싸 조르는 동시에 업어치는 식으로 지면에 쓰러뜨린다. 이때, 총을 탈취해 역으로 상대방을 사진과 같이 제압한다.

6. 제압해제술

경호무술

1. 한손목해제술 (1~3)

Explanation-1
　반원뒷전환과 동시에 반뒷굽서기 자세 후 손목을 내손목으로 꺾어 얼굴높이로 들어 올린 다음 반뒷굽서기 자세로 체중을 뒤로 하여 신속하게 밀어 당겨 제압된 손목을 해제한다.

Explanation-2
　반원앞전환 대각으로 오른발을 앞으로 내딛는 동시에 반뒷굽서기 자세 후 잡힌 팔을 가슴위로 올려 전상방으로 뻗는 동시에 손목을 왼쪽으로 돌려 해제한다. 이때, 발의 자세는 반뒷굽서기 자세를 유지해 준다.

Explanation-3
　반원앞전환으로 오른발을 앞으로 크게 내딛는 동시에 잡힌 팔을 전하방으로 뻗는 동시에 손목을 수직으로 꺾어 제압된 손목을 해제한다. 이때, 발의 자세는 반앞굽서기 자세를 유지해 준다.

165

2. 한/양손목해제술 (4~6)

Explanation-4

반원바꿔앞전환을 이용하여 왼쪽으로 전환하는 동시에 잡힌 손목을 가슴위로 올려 오른쪽으로 돌리는 동시에 전상방으로 팔을 뻗어 제압된 손목을 해제한다. 이때, 발의 자세는 반뒷굽서기 자세를 유지한다.

Explanation-5

반원바꿔앞전환을 이용하여 오른쪽으로 전환하는 동시에 반뒷굽서기 자세를 취한 다음 잡힌 손목을 하전방 45° 왼쪽으로 돌려 해제한다. 이때, 잡힌 손목을 허리 측면에 밀착시켜 허리 회전력을 이용하도록 한다. 그리고 이때 발의 자세를 반뒷굽서기 자세로 체중의 중심을 뒷발에 둔다.

Explanation-6

한손목을 양손목으로 잡혔을 때, 왼손으로 오른손을 잡은 다음 왼손목을 지렛대와 같이 이용하여 오른팔을 들어 올리는데, 힘을 더해주면서 손목을 사진과 같이 얼굴높이로 신속히 올리는 동시에 전상방으로 힘껏 밀어 잡힌 손목을 해제한다. 이때, 체중을 앞발에 주도록 한다.

3. 한손목/양손목기초해제술 (7~9)

Explanation-7

한손목을 양손으로 잡혔을 때, 왼손으로 오른손등을 감싸 잡아 잡힌 팔을 허리에 밀착시킨 다음 동시에 발을 반원 뒷전환으로 전환하고, 전환시에 발생되는 허리의 힘을 이용하여 손목을 해제한다. 이때, 발의 자세는 반원바꿔앞전환 후 전교자세를 유지한다.

Explanation-8

한 손목에 양 손목이 잡혀 있는 경우 왼손으로 잡힌 손목의 손을 맞잡은 다음 반원뒷전환으로 전환과 동시에 팔을 허리에 강하게 밀착시킨 다음 왼쪽으로 돌아 제압된 손목을 해제한다. 그리고, 발의 자세는 반원뒷전환 후 전교자세를 유지해 준다.

Explanation-9

반원앞전환으로 일보 내딛는 동시에 양손목을 내서 외로 돌려 얼굴높이로 들어 올리는 동시에 전상방으로 밀어 잡힌 손목을 해제한다. 이때, 발의 자세는 반앞굽서기 자세를 유지한다.

4.양손목해제술 (10~12)

Explanation-10

양 손목이 잡혀 있는 경우 팔을 좌우로 크게 돌려 얼굴 높이로 올린다음 손목을 동시에 사진과 같이 꺾어 붙인 다음 전방으로 밀어 잡힌 손목을 해제 한다. 이때, 왼발을 반원 전환 자세로 일보 내딛는 동시에 반원뒷굽서기 자세를 유지한다.

Explanation-11

양손목이 잡혀 있는 경우 손목을 가슴높이로 올리는 동시에 사진과 같이 좌우로 팔을 교차해 뻗어 주는 동시에 손목을 오른쪽으로 돌려 해제한다. 이때, 오른발을 평우교 자세로 이동하면서, 체중을 오른발에 둔다.

Explanation-12

왼발을 상대방의 측후방으로 반원앞전환으로 일보 내딛는 동시에 좌우측 팔을 얼굴 높이로 올린 다음 동시에 좌우측으로 힘차게 돌려 뻗는다. 이때, 좌우 손목을 왼쪽으로 동시에 돌려 주며, 발의 자세는 반앞굽서기 자세를 유지한다.

Explanation-13

오른팔을 전상방으로 순간 올려 오른손 세수도로 상대방의 오른쪽 손목등을 강하게 가격하여 제압된 손목을 해제한다. 이때, 발의 자세는 반원앞전환 자세로 돌아 무릎반평서기 자세를 유지한다.

Explanation-14

오른발을 측면으로 내딛는 동시에 제압된 팔을 왼쪽으로 원을 그려 돌려 제압된 손목을 해제 한다. 이때, 발의 자세는 반뒷굽서기 자세를 유지한다.

Explanation-15

반원앞전환 후 무릎반평서기를 취하며, 오른팔을 왼쪽 수평으로 이동시켜, 상대방의 오른 손목 내측을 오른손 삼각수도로 강하게 쳐 제압된 손목을 해제 한다. 이때, 체중은 발앞쪽에 둔다.

6. 양손목해제술 (16~18)

Explanation-16

양 손목 위로 잡혔을 때에는 우선 양 손목을 안으로 돌려 사진과 같이 내려서 제압된 손목을 해제한다. 이때, 중요한 것은 왼발을 반원뒷전환으로 일보 뒤로 내딛는 동시에 상체의 체중을 팔에 옮겨주도록 하는 것이 중요하다.

Explanation-17

왼팔을 우전방으로 뻗어 왼손목장으로 상대방의 잡은 내 손목을 가격하여 제압된 손목을 해제한다. 이때, 발의 자세는 반앞굽서기 자세를 유지한다.

Explanation-18

잡혀있는 양팔을 그대로 유지하면서 반원바꿔앞전환 자세로 오른쪽으로 도는 동시에 오른팔 즉 상세팔로 상대방의 오른중팔을 수평으로 쳐 잡힌 손을 해제한다. 이때, 전환시에 발생되는 허리의 힘을 오른팔에 전달되도록 한다.

7. 양손목해제술 (19~21)

Explanation-19

오른발을 상대방의 오른발 앞쪽으로 내딛는 동시에 왼팔을 상대방의 오른팔 겨드랑이 사이로 밀어 붙인 다음 왼팔을 내려 꺾어 제압된 손목을 해제한다. 이때, 발의 자세는 무릎 반평서기 자세를 유지한다.

Explanation-20

옆에서 잡혔을 때에는 오른발을 뒤쪽으로 상대방에게 밀착되도록 반원뒷전환으로 내딛는 동시에 왼손으로 상대방의 손목을 감싸 잡고 잡힌 손목을 반대 방향으로 돌려 뻗어 제압된 손목을 해제 한다. 이때, 발의 자세는 전교 무릎서기 자세를 유지한다.

Explanation-21

옆에서 손목잡혔을 때에는 오른발을 옆으로 내딛는 동시에 오른손으로 상대방의 손목을 감싸 잡는 동시에 허리를 구부려 상체를 굴신하는 동시에 중팔을 잡은 상대방의 중팔 외측에 올린 다음 체중을 실어 꺾어 제압된 손목을 해제한다.

8. 양손목해제술 (22~24)

Explanation-22

잡혀있는 양팔을 그대로 유지하면서 반원바꿔앞전환 자세로 오른쪽으로 돌면서 오른 상팔을 상대방의 중팔목 관절 위에 올려 내리는 동시에 전환 시에 발생되는 허리의 힘을 이용하여 제압된 팔을 해제한다.

Explanation-23

오른발을 상대방의 측후방에 내딛는 동시에 오른팔을 상세팔굽장으로 상대방의 중팔목 외측을 아래에서 위로 올려쳐 잡힌 손목을 해제 한다. 이때, 발의 자세는 반뒷굽서기 자세를 유지한다.

Explanation-24

왼발 대각으로 일보 내딛는 동시에 오른팔을 상대방의 왼팔겨드랑이 사이로 집어 넣어 사진과 같이 자세를 취한 다음 왼팔을 전방으로 미는 동시에 오른팔은 안으로 당겨 상대방의 중팔목과 어깨 관절을 동시에 수평으로 꺾어 제압된 손목을 해제한다.

9. 양손목해제술 (25~26)

Explanation-25

반원앞전환과 동시에 왼손의 외손목장으로 상대방의 잡은 팔 중팔목을 강하게 가격하여 제압된 손목을 해제한다.

Explanation-26

제압된 손목을 그대로 둔 다음 구르기와 같은 동작으로 몸을 앞으로 굴러 제압된 손목을 해제한다.

173

1. 머리몸통해제술-1

Explanation-1

왼손으로 상대방의 머리뒷부분을 움켜잡아 측
하방대각으로 잡아당기는 동시에 오른팔을 앞으
로 뻗어서 상대방의 왼팔겨드랑이 사이로 감아
당겨 업어 친다. 이때, 오른발을 상대 오른발 뒤
로 내딛는 동시에 상체를 앞으로 숙여준다. 그리
고, 쓰러진 상대방의 등 뒤로 올라 타 양손으로
머리를 잡아 상후방으로 당겨 제압한다.

2. 머리몸통해제술-2

Start

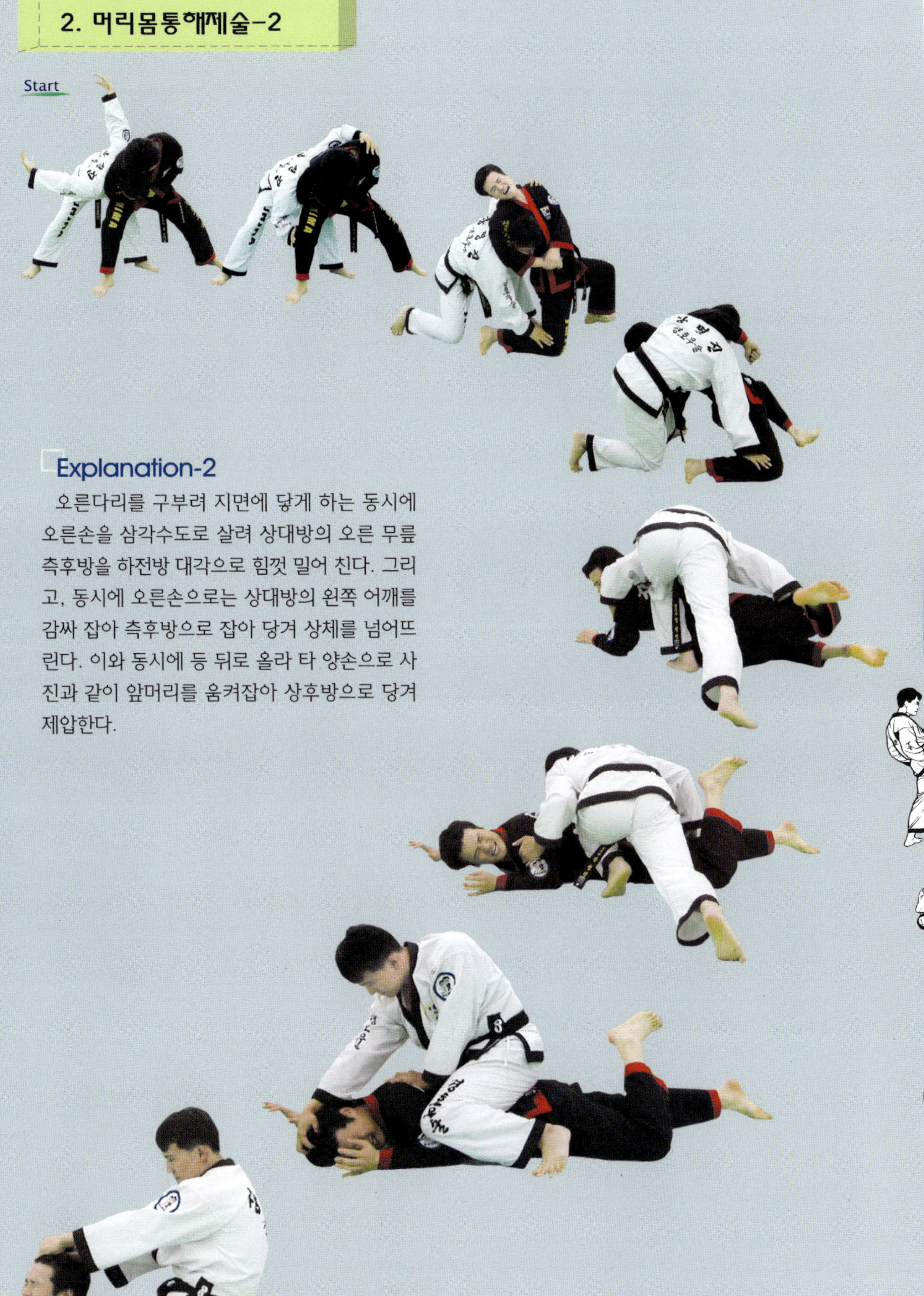

Explanation-2

오른다리를 구부려 지면에 닿게 하는 동시에 오른손을 삼각수도로 살려 상대방의 오른 무릎 측후방을 하전방 대각으로 힘껏 밀어 친다. 그리고, 동시에 오른손으로는 상대방의 왼쪽 어깨를 감싸 잡아 측후방으로 잡아 당겨 상체를 넘어뜨린다. 이와 동시에 등 뒤로 올라 타 양손으로 사진과 같이 앞머리를 움켜잡아 상후방으로 당겨 제압한다.

Start

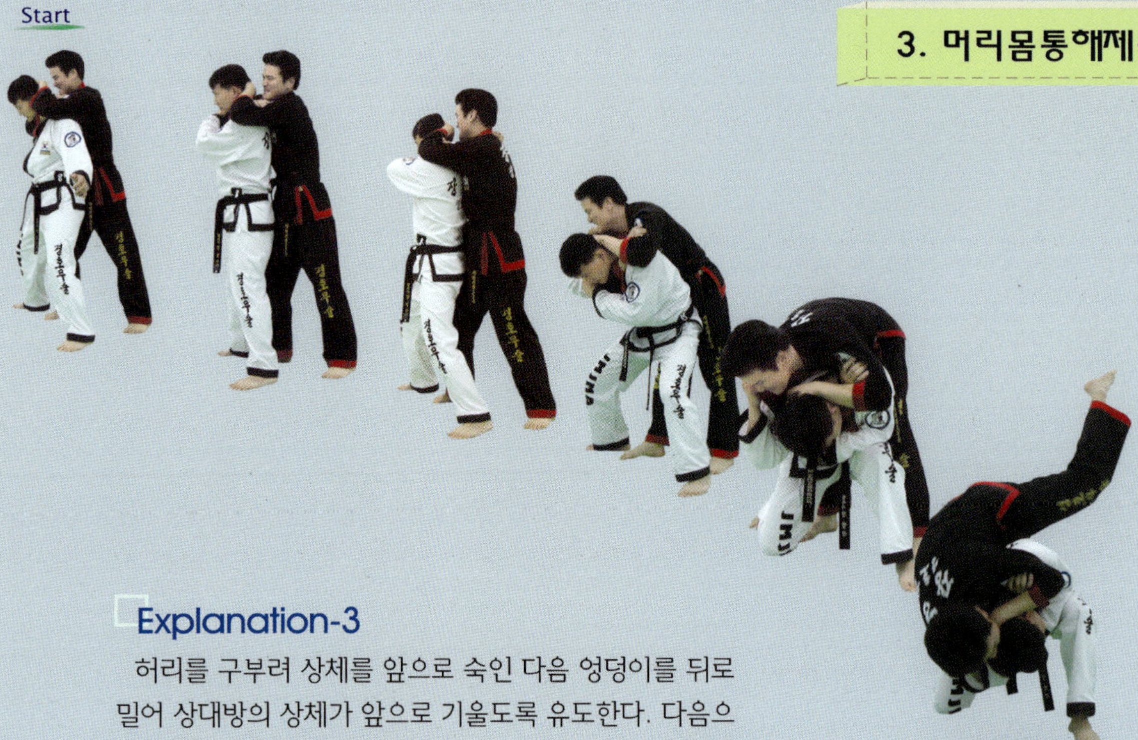

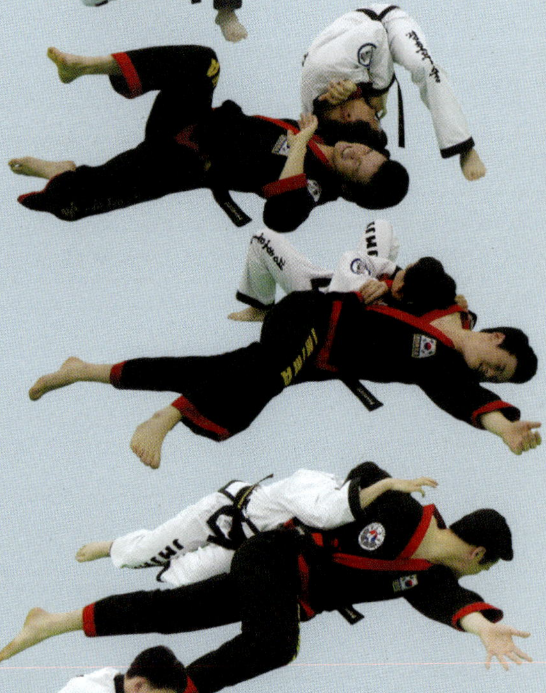

Explanation-3

　허리를 구부려 상체를 앞으로 숙인 다음 엉덩이를 뒤로 밀어 상대방의 상체가 앞으로 기울도록 유도한다. 다음으로 왼손은 상대의 팔을 잡아당기고, 오른손으로는 상대방의 오른쪽 어깨를 동시에 잡아 당겨 앞으로 업어 친다. 이때 중요한 점은 오른쪽 다리를 구부려 사진과 같이 무릎을 지면에 닿게 하여 상체를 넘어뜨리기 쉽도록 자세를 잡는 것이 중요하다.

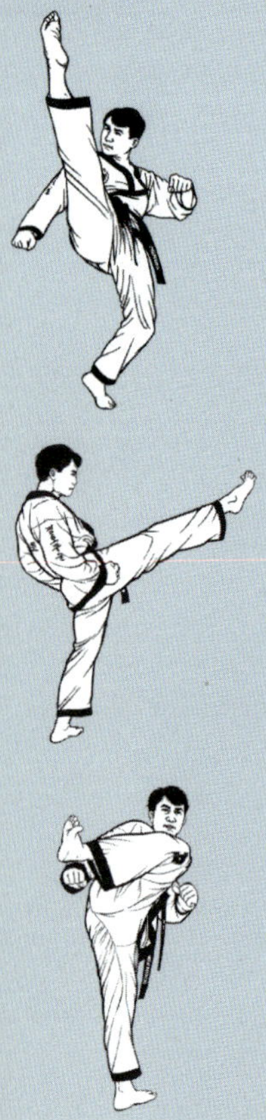

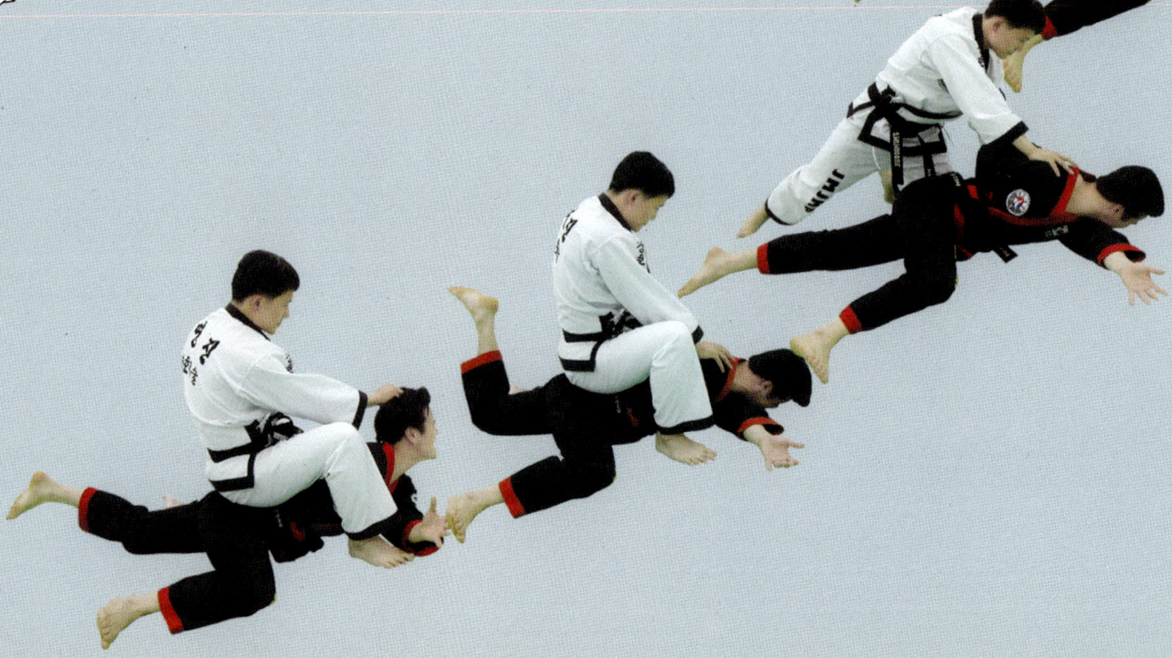

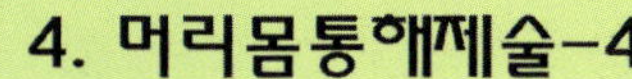

Explanation-4

끈으로 목이 조인 경우 젖혀진 허리와 상체를 측면으로 굴려 사진과 같이 전환한 다음 무릎차기로 명치복부 부분을 힘차게 가격하는 동시에 오른손으로 상대방의 머리 뒷부분(뒤통수)을 아래로 강하게 눌러 상체를 사진과 같이 쓰러뜨려 제압한다.

5. 머리몸통해제술-5

Explanation-5

조인 끈을 양손으로 잡아당기는 동시에 상체
를 앞으로 숙인다. 그리고 엉덩이를 뒤로 밀어
상대의 상체 중심이 뒤로 기울게 한 다음 힘껏
들어 올려 사진과 같이 업어 친다.

6. 머리몸통해제술-6

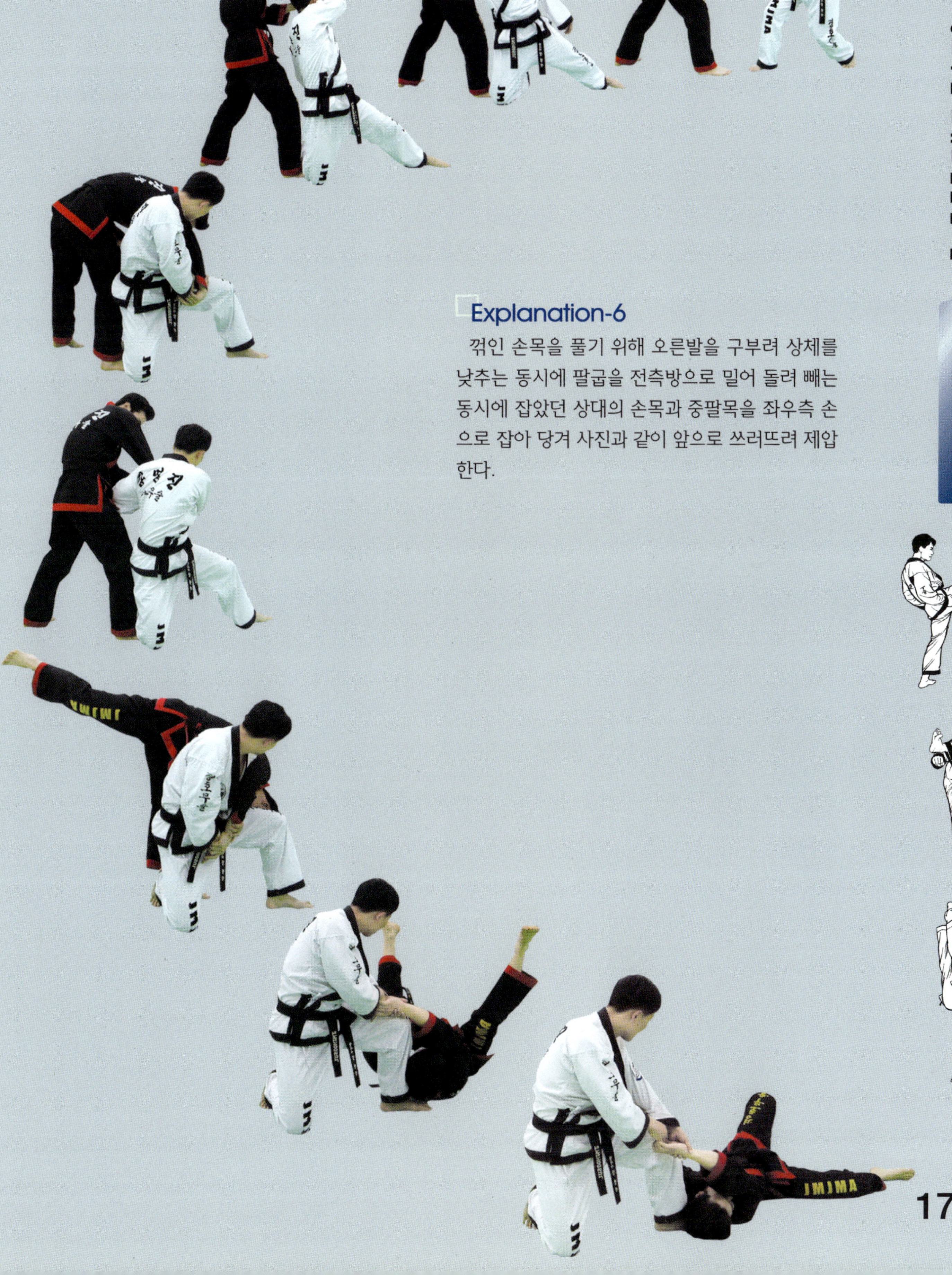

Explanation-6

꺾인 손목을 풀기 위해 오른발을 구부려 상체를 낮추는 동시에 팔굽을 전측방으로 밀어 돌려 빼는 동시에 잡았던 상대의 손목과 중팔목을 좌우측 손으로 잡아 당겨 사진과 같이 앞으로 쓰러뜨려 제압한다.

7. 머리몸통해제술-7

Start

Explanation-7

목이 뒤로 꺾여 머리가 젖혀진 경우 발을 평
선으로 전환하는 동시에 반원앞전환과 같은
자세로 변환시켜 돌아서며 사진과 같이 제압
해제하고 오른팔 평팔장으로 상대의 얼굴 측
면을 강하게 가격하여 제압한다.

3. 해제역제압술 설명 (예)

1. 해제역제압술 (몸통, 허리) - 1

Start

◻ Explanation-1

오른쪽 무릎을 구부리는 동시에 왼발을 상대
방의 다리사이로 곧게 뒤로 뻗어 오른발을 감고
이어 왼발을 상대의 오른발 측면으로 뒤로 뻗어
좌우 발목을 교차시켜 상대방의 무릎관절을 측
면으로 꺾어 상체의 균형을 잃게 하여 쓰러트린
후, 몸통을 왼쪽으로 360° 계속 돌려 사진과
같이 제압한다. 이때 중요한 점은 걸었던 상대의
다리를 그대로 꺾어 제압하도록 한다.

경호무술

2. 해제역제압술 (몸통,허리) -2

Start

Explanation-2

오른발을 상대방의 오른발측면에 닿도록 밀착시킨 후 동시에 몸통을 왼쪽으로 힘껏 돌린다. 이때 왼팔 을 곧게 뻗은 상태에서 상대방의 목 부분에 갖다 대고 대각원형으로 360° 회전하여 쓰러뜨려 제압한다. 이때, 발의 스텝은 바꿔앞전환 자세를 취한다.

3.해제역제압술(몸통,허리)-3

Start

Explanation-3

상대방의 상체를 전상방으로 숙이게 하여 양손으로 몸통을 감싸 잡아 제압하고 있을 때 우선 양손을 이용하여 상대방의 양발목 뒤꿈치 부분을 잡아 당기는 동시에 발을 전상방으로 밀어 신체 하중을 가하여 상대방을 사진과 같이 넘어트린다. 그리고 넘어트리는 순간 상대방의 명치 부분으로 올라 타 역제압 할 수 있도록 한다.

4.해제역제압술 (몸통,허리) -4

Start

Explanation-4

우선, 오른발을 당겨서 뒤꿈치를 엉덩이에 밀착시키고, 이어서 왼손을 이용해 상대방의 왼손목을 감싸 잡은 다음 오른손을 이용해 상대방의 팔꿈치를 감싸 잡은 동시에 엉덩이를 상측방으로 들어올려 사진과 같이 상대방을 밀쳐 낸 다음 신속하게 일어나 잡았던 팔을 등뒤로 90° 들어 올려 손목 및 어깨 관절을 꺾어 제압해제하는 동시에 역제압한다.

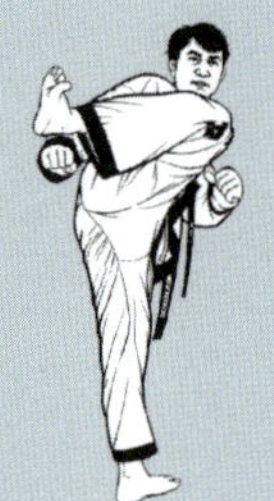

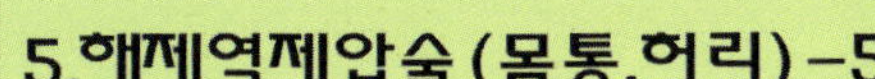

Start

Explanation-5

  우선, 양다리를 구부려 오른발을 엉덩이 뒤꿈치에 닿도록 밀착시키고, 왼발은 45° 각도를 유지한 상태에서 무릎을 사진과 같이 유지하고 이어 양손을 상대방 양무릎에 갖다대어 붙인 다음, 오른쪽 다리에 힘을 주어 상측방으로 엉덩이를 들어 주는 동시에 양손 또한 측후방쪽으로 힘껏 밀어 주어 사진과 같이 상대방을 밀쳐낸다.

Start

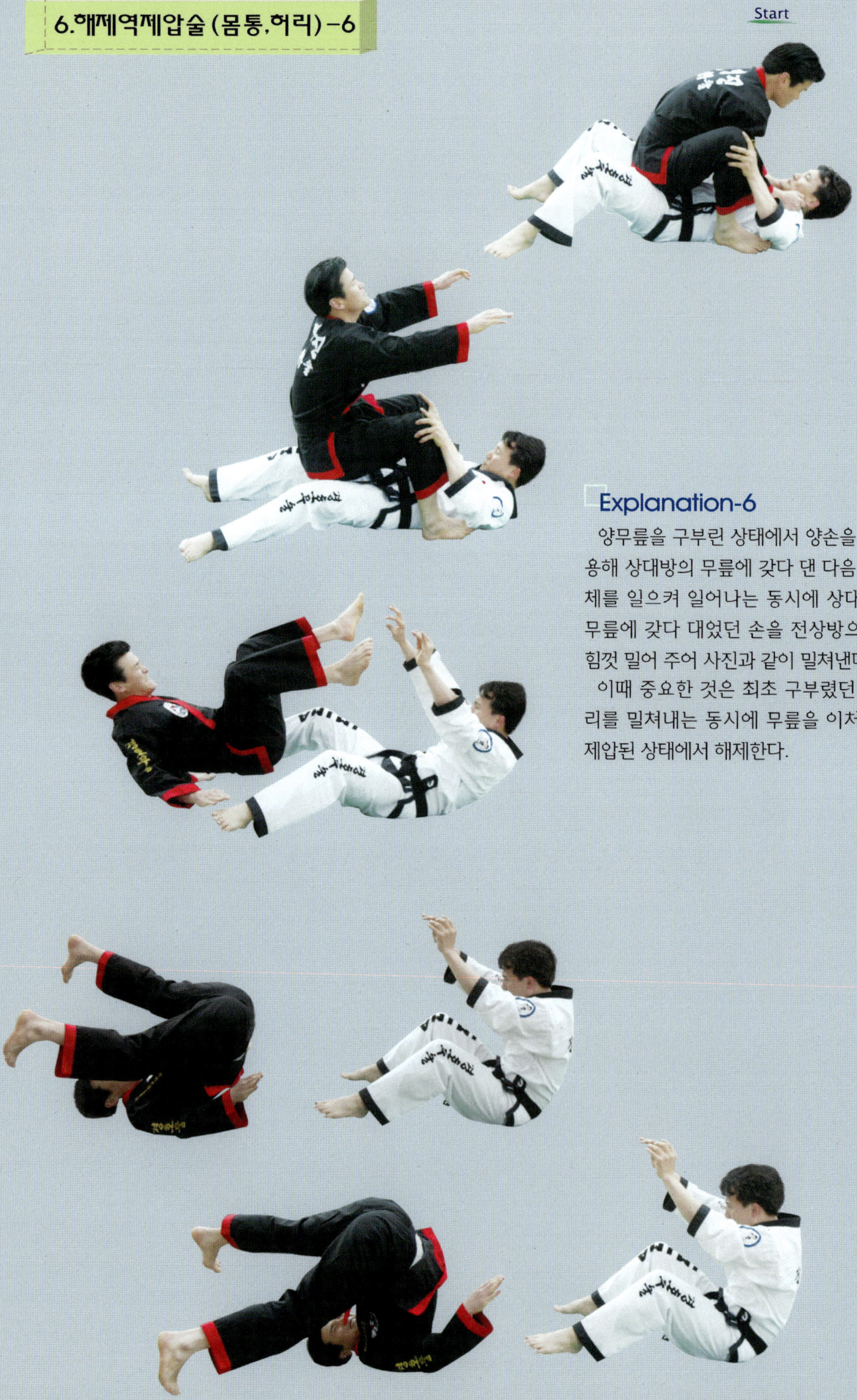

Explanation-6

양무릎을 구부린 상태에서 양손을 이
용해 상대방의 무릎에 갖다 댄 다음 상
체를 일으켜 일어나는 동시에 상대방
무릎에 갖다 대었던 손을 전상방으로
힘껏 밀어 주어 사진과 같이 밀쳐낸다.
이때 중요한 것은 최초 구부렸던 다
리를 밀쳐내는 동시에 무릎을 이처럼
제압된 상태에서 해제한다.

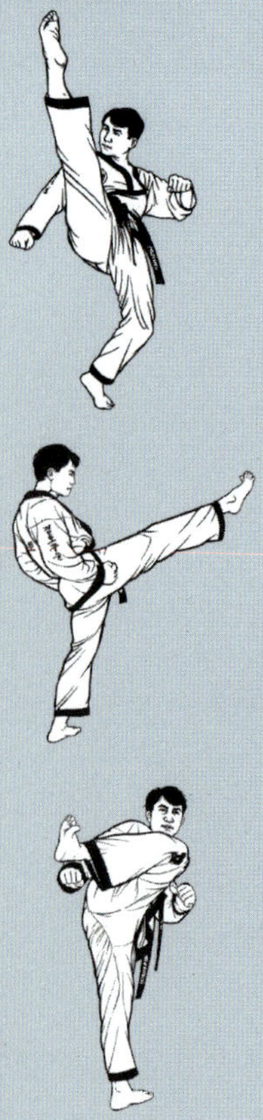

7.해제역제압술 (몸통, 허리) - 7

Start

Explanation-7

뒤에서 목을 잡고 있을 때에 오른발을
사진과 같이 약간 구부리는 동시에 왼팔을
상대방의 겨드랑이 사이로 넣어 측후방으
로 힘껏 뻗는 동시에 상체를 동일한 방향
으로 틀어 돌아선다. 이때, 상대방이 지면
에 깔리도록 180° 돌아선다. 이같은 방
법으로 상대방의 제압에서 해제한다.

187

Start

Explanation-1

오른쪽 무릎을 순간 구부려 자세를 낮추어 상대방 몸의 중심이 뒤로 기울도록 유도하는 동시에 오른손을 삼각수도로 무릎뒤축을 밀어 쳐 올려 쓰러트린다. 이때 제압되었던 왼팔은 체중을 실어 아래로 당겨 상대방 몸의 균형이 쉽게 잃도록 유도해 준다.

경호무술

GUARD MILITARY

2. 기타해제술 (수팔) - 2

Explanation-2

꺾인 손목을 풀기 위해 왼발을 반원앞전환 자세로 돌아서는
동시에 왼발 반원뒷전환으로 돌아서 역으로 팔을 꺾고 이어서
사진과 같이 던져 제압한다.

GUARD MILITARY

경호무술

3. 기타해제술 (수팔) -3

Explanation-3

　꺾인 팔을 풀기위해 사진과 같이 무릎을 구부려 자세를 낮추는 동시에 전선낙법으로 완전히 제압된 팔을 해제한다. 이때, 발을 이용해 상대방의 팔과 몸통을 감아 던져 사진과 같이 완전하게 해제 제압한다.

4. 기타해제역제압술 (수팔) -4

Start

Explanation-4

꺾인 손목과 팔을 풀기위해 반원뒷전환하는 동시에 왼팔장으로 명치복부를 가격한 다음 무증공법 상단제끼기로 밀어치는 동시에 잡혔던 팔을 역으로 돌려 상대방이 쓰러지도록 유도해준다. 그리고 이어서 세수도로 사진과 같이 목을 내리쳐 제압한다.

191

5. 기타해제역제압술 (수팔) -5

Explanation-5

꺾어진 팔을 풀기위해 밀착된 몸을 앞으로 순간 신전시키는 동시에 손을 좌우 아래로 내려 푼다. 이때, 반원바꿔뒷전환으로 돌아서며, 역으로 상대방의 왼팔을 사진과 같이 제압한다.

6. 기타해제역제압술 (수팔) -6

Start

Explanation-6

꺾어진 팔을 풀기위해 무릎을 구부려 자
세를 낮추는 동시에 전측방으로 상체를 들
어올리는 동시에 오른발 무릎차올리기로
명치복부를 차고 이어 동시에 오른 세팔장
으로 등뒤를 가격하여 제압한다.

193

7. 기타해제역제압술 (수팔) -7

Start

☐ Explanation-7

제압된 팔을 풀기위해 체중을 왼발에 집중시켜 상대방을 밀쳐내는 동시에 순간 이격된 틈을 이용해 사진과 같이 겨드랑이 사이로 머리, 어깨, 몸통 순으로 넣어 돌아서 제압된 팔을 푼다. 이때, 신속한 자세를 위해 두무릎을 구부려 돌아서 선다. 그리고 세수도로 목을 내리쳐 사진과 같이 제압한다.

8. 기타해제역제압술(수팔)-8

Start

Explanation-8

제압된 손목과 목을 풀기위해 평선으로 돌아서는
동시에 하단뒤차기로 사진과 같이 신속 과감하게
제압한다.

9. 기타해제역제압술(수팔)-9

Explanation-9

꺾인 손목을 풀기위하여 점프회전전측
낙법을 이용하여 꺾인 손목을 사진과 같이
해제한다. 사진에서는 없지만 발차기로 역
제압기술 등을 걸 수 있다.

10. 기타해제역제압술 (수팔) -10

Start

Explanation-10

꺾인 손목과 어깨관절을 풀기위해 후방낙
법을 이용해 어깨관절을 풀고 이어서 두발을
이용해 목을 감아 사진과 같이 던져 역으로
제압한다.

11. 기타해제역제압술 (수팔) -11

Explanation-11

꺾인 팔을 풀기위해 자세를 낮추고 이어
동시에 발목을 감아 쓰러트린 후 역으로 무
릎관절을 꺾어 제압한다.

경호무술

5. 기타해제술 설명 (예)

1. 기타해제술 (다리)

Explanation-1

상체를 왼쪽으로 180° 돌아 제압되었던 발을
사진과 같이 해제한다.

Explanation-2

상대의 발목을 동일한 방법으로 꺾어
잡은 다음 몸통을 왼쪽으로 180° 돌아
제압된 발을 해제하면서 상체를 일으켜
사진과 같이 상대를 역으로 제압한다.

V
9. 급조무기공격술
경호무술 5
호위호신술법 2편
급조무기 / 공격기술

(1) 급조호신무기술 설명　　　　　E X A M P L E

　급조 호신무기술이란 위기시에 방어의 수단으로 삼을 수 있는 소지품 또는 착용한 생활용품 등을 이용하여 무기술로 사용하는 것을 말한다. 예를 들어 남성인 경우 넥타이, 혁띠, 만년필 등을 들 수 있으며 여성인 경우에도 핸드백, 립스틱, 브러쉬, 목걸이, 벨트, 머리핀, 머리띠, 하이힐 등을 예로 할 수 있으며 이외로도 시계, 반지, 동전, 열쇠, 명함케이스, 휴대폰 볼펜이나 만년필, 안경이나 썬글라스, 모자, 책, 노트, 화일 등을 이용할 수 도 있다.

넥타이

　넥타이는 섬유가 주재료로서 가볍고 질기며 길이가 알맞아 사용하기에 적당하다. 특히 목 부분에 평소에 착용하기 때문에 손이 닿기 쉽고 매듭이 간단해 순간 풀기가 쉬워 손에 쥐기에 쉽다. 사용방법은 우선 양끝을 양손으로 감아 단단하게 쥐고 상대방의 주먹이나 발 공격시 또는 칼 공격시 상대방의 손목이나 발목을 감아 당기는 방법으로 사용한다. 일반적으로 맨손으로 할 수 없는 것을 할 수 있다.

벨 트

　허리띠, 벨트를 이용하는 방법은 넥타이 이용방법과 유사하며 넥타이로는 할 수 없는 것을 한가지 더 할 수 있다. 일반적으로 혁띠에는 버클이 있다. 버클은 금속성 재질로 되어 있어 매우 단단하기 때문에 상대방에게 가격될 때 치명상을 입힐 수 있다. 또한 벨트는 일반적으로 가죽재질로 되어있어 강력이 넥타이보다 훨씬 강하여 사용에 유리하다.

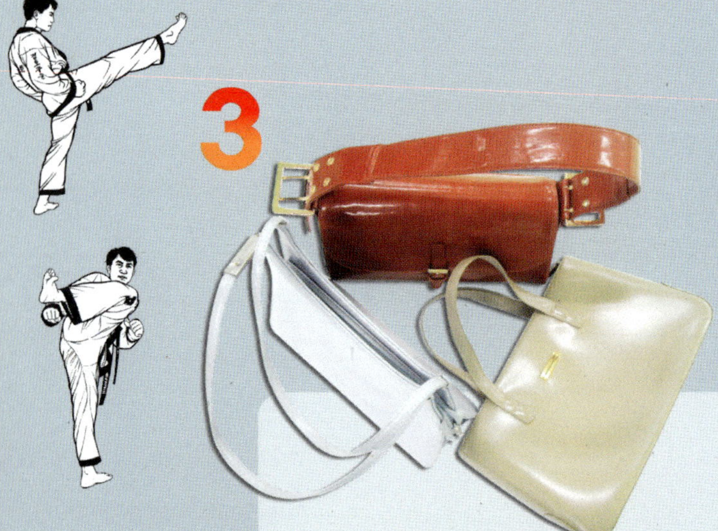

핸 드 백

　일반적으로 핸드백은 끈이 달려있고 안에는 화장품 용기 등이 있어 무게가 많이 나간다. 즉, 이 자체 만으로도 상대방을 가격하면 치명상을 입힐 수 있는 훌륭한 무기가 될 수 있다.

4 화장품

립스틱을 세워 손에 강하게 쥔 다음 상대방의 급소 등을 가격하면 훌륭한 무기가 된다.

5 브러쉬, 머리핀, 머리띠

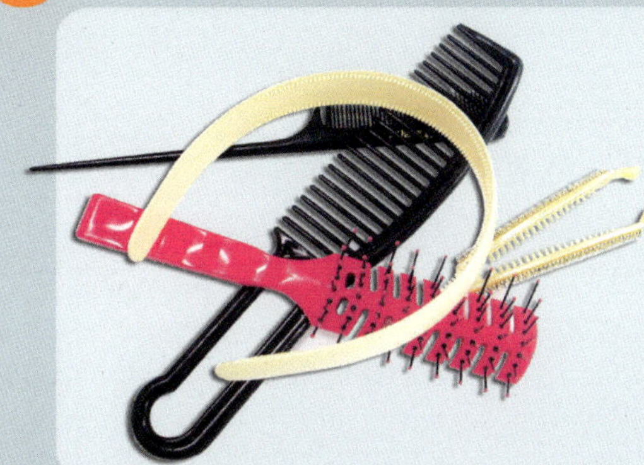

브러시도 립스틱처럼 이용 할 수 도 있으며 바르게 감싸 잡아 긋는 동작으로 상대방을 공격하면 더욱 훌륭한 무기로 사용할 수 있다. 머리핀은 재질과 모양 크기가 너무도 다양하기 때문에 한가지 방법으로는 설명이 어렵지만 찌르고, 긋고 하는 공격 가능한 훌륭한 무기가 된다. 머리띠는 순간 손에 쥐기가 편하고 간편하기 때문에 사용상 편리하며, 여러 개의 날카로운 부분이 있기 때문에 긋기와 같은 공격방법이 좋으며 이또한 훌륭한 무기가 된다.

6 목걸이, 반지

목거리는 줄의 강도에 따라 사용방법이 다를 수 있지만 일반적으로 대부분은 금속성 재질로 되어 있어 매우 날카롭고 강하다. 이 같은 점을 이용하여 특정신체부위를 긋는 동작으로 상대방을 공격한다면 매우 훌륭한 무기가 될 수 있다. 강력이 강한 줄이라면 원거리에서 휘쳐 공격하기에 좋다.

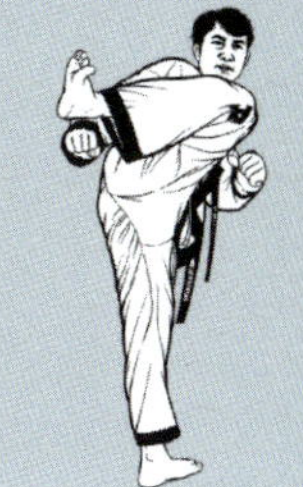

반지는 끼워진 상태로 주먹을 쥐어 정권 지르기와 같은 동작으로 공격하게 되면 매우 큰 효과를 볼 수 있으며 반지를 시계와 같이 돌려 사용한다면 동일한 공격효과를 얻을 수 있다.

7 하이힐

하이힐은 여성들이 즐겨신는 신발로서 위기에 직면해 있을 때 벗어 손에 쥔 상태에서 하이힐 뒷굽철침이 있는 부분으로 상대방의 주요 신체급소 및 신체의 약점을 가격한다면 커다란 호신효과를 볼 수 있다. 특히, 얼굴 등에 사용할 때 매우 치명적이다.

8 

시 계

시계는 착용된 상태에서 무기로 사용될 수 있는 것으로 시계를 손목 내 측으로 돌려 상대방의 얼굴을 겨냥 치거나 긋게 되면 훌륭한 호신무기술이 된다.

9 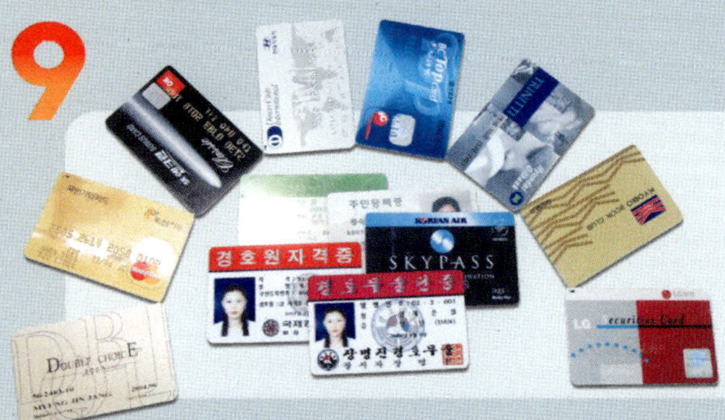

카드종류

신용카드 또는 각종 신분카드는 그 재질이 특수 플라스틱으로 되어 있기 때문에 매우 강도가 높다. 그리고 그 디자인의 특성으로 날을 세우면 훌륭한 무기가 된다. 특히 신체부위 중 눈이나 목등은 가격하기에 좋은 목표가 될 수 있다.

10 

동 전

동전은 많으면 많을수록 사용에 유용하다. 동전을 손에 쥐어 긋는 동작으로 공격할 수도 있으며 많은 동전을 쥐고 있을 때에는 투척하는 호위 무기 술로도 이용할 수 있다.

11 

열 쇠

열쇠는 동전과 같이 투척용으로도 이용할 수 있는 장점도 있지만 날카로운 열쇠의 끝 부분을 이용하여, 찌르기, 긋기와 같은 동작을 취하여 상대방을 공격할 수 있는 매우 훌륭한 무기가 된다.

12 명함케이스

금속성 명함케이스는 손에 알맞게 쥐기 쉽고 모서리가 각이져 날카로운 부분을 이용하게 되면 공격무기가 된다.

13 휴대폰

휴대폰은 크기와 모양 무게가 알맞아 호신무기술로 사용하기에 가장 좋은 소지품이라고 할 수 있다. 특히 일반적으로 대부분은 손에 자연스럽게 쥐고 다니는 물건이기 때문에 위기시에 매우 유용하게 쓰인다. 휴대폰은 투척공격형태와 안테나 부분을 이용하여 긋기, 치기,찌르기 등의 공격수단으로 사용하기에 좋다.

14 볼펜, 만년필

볼펜이나 만년필은 금속성 또는 플라스틱재질로 되어 있으며 끝부분이 금속 핀으로 되어 있어서 공격등을 통해 피부등에 닿게되면 칼로 베이거나 송곳 등으로 찢긴 것과 같은 상처를 입힐 수 있다.

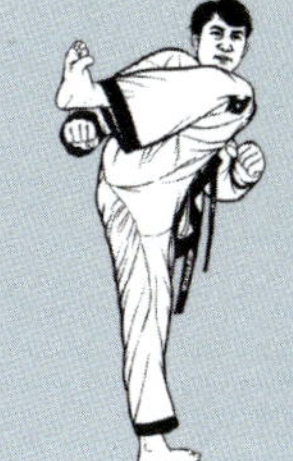

15 안경, 썬글라스

안경이나 썬 글라스를 이용할 때에는 안경테등을 이용하여 긋거나 찌르기와 같은 방법으로 공격하기에 좋다.

16   <u>모 자</u>

모자는 채향날을 이용하여 눈이나 목 등을 겨냥 공격하기에 좋다.

17   <u>책 , 노 트 , 파 일</u>

책, 노트, 화일 등의 무게 재질 면 등의 특성을 고려하여 공격부위를 각기 다르게 하면 매우 효과적인 공격무기로 이용할 수 있다.

18   <u>무 전 기</u>

무전기도 휴대폰과 같이 손에 쥐기에 알맞은 크기와 무게로 되어 있기 때문에, 위급한 경우 위해자에게 곧바로 투척하거나 또는 치는 용도로 사용하기에 좋은 장비라고 할 수 있다.

19   <u>가 스 총 , 전 기 충 격 기</u>

전기충격기와 같은 장비도 크기나 무게 등이 손에 쥐기에 알맞기 때문에 위기시에 사용하기에 매우 유용하다고 할 수 있다. 특히, 길이 조정이 가능한 충격기등은 원거리에 있는 상대방을 공격하기에 좋다.

(2) 급조무기 공격기술 설명 (예)
EXAMPLE
1. 우산이용법
Explanation-1
우산은 찌르기용도로, 매우 유용한 급조무기로서 명치,
목, 얼굴 등을 공격하기에 좋다.
2. 전자충격기 이용법
Explanation-2
전자충격기는 순간 고압전류를 이용할 수 있는 호신무기로서 신
체 아무곳이나 공격하기에 좋은 무기다. 특히, 목부위와 같은 맨살
에 대어 공격하는 것이 더욱 효과적이다.
경호무술 5
호위호신술법 2편
5. 경호무술 호위호신술법 2편

3. 안경이용법

Explanation-3

안경이나 선글라스 등도 위기시에 사용할 수 있는 훌륭한 무기가 될 수 있다. 특히, 찌르기 용도로서 매우 유용하다.

4. 열쇠꾸러미 이용법

Explanation-4

열쇠꾸러미는 대부분 금속 성재질로 되어 있어 무겁고 날카롭다. 따라서 급조무기 호신 무기로서 매우 좋으며, 얼굴과 같은 곳을 치거나 던져 공격하는 것이 매우 유용하다.

5. 신용카드 이용법

Explanation-5

신용카드는 플라스틱재질로 되어있으나, 사진과 같이 날을 세워 공격한다면 매우 좋은 공격수단이 될 수 있다.

6. 휴대폰 이용법

Explanation-6

휴대폰은 무게가 있어 사진과 같이 상대방 얼굴에 투척하면 무서운 공격수단이 된다.

Explanation-8

허리벨트를 풀어 사진과 같이 공격수단으로 이용할 경우 매우 유용한 무기가 될 수 있다. 특히, 바클부분으로 상대방을 공격하는 경우 공격에 매우 효과적이다.

9. 전자충격기 이용법

Explanation-9

고압의 전류를 흐르게 하여 상대를 제압하는 무기로서 맨살에 갖다대는 것이 더욱 효과적이다. 특히, 이 무기는 순간 충격이 매우 크지만 외상은 거의 나지 않는다.

10. 삼단봉 이용법

Explanation-10

삼단봉은 단봉형태로 평소에 소지하기에 좋으며, 방어에 필요시 간단한 조작으로 삼단봉으로 확장시켜 쓸 수 있는 장점이 있으며, 재질이 금속성으로 되어 있어, 강한 충격에도 잘 견딜 수 있고, 상대방의 무기를 막을 수도 있으며, 사진과 같이 상대의 3대 약점을 효과적으로 공격할 수도 있다.

경호무술
GUARD MILITARY
11. 가방 이용법
Explanation-11
가방은 상대방의 무기공격시 방어용
으로 사용하기에 매우 좋은 수단이 될
수 있다. 특히, 007가방과 같은 각이
진 가방은 치기와 같은 공격수단으로
도 매우 좋은 무기가 될 수 있다.

12. 권총 이용법

Explanation-12

권총은 금속성 재질로 되어 있어서 사진과 같이 치기의 수단으로도 매우 위력적인 무기가 될 수 있다.

13. 열쇠 이용법

Explanation-13

열쇠는 금속성 재질로 되어있고, 일반적으로 뾰족하게 날이 서 있기 때문에 사진과 같이 찌르기와 같은 공격수단으로 이용할 수 있어 매우 좋은 무기가 될 수 있다.

213

14. 시계 이용법

Explanation-14,15

시계는 팔목에 차고 다니는 것으로서 사진과 같이 손목장치기 자세를 이용한다면 보다 좋은 공격무기 수단이 될 수 있다.

15. 시계 이용법

16. 우산 이용법

Explanation-16
우산은 무기를 이용하여 공격하는
상대를 대응하는 수단으로서 사진과
같이 매우 좋은 무기가 될 수 있다.
특히, 막기, 찌르기 기술에 좋다.

17. 가방 이용법

Explanation-17
가방안에는 화장품과 같은 많은 물품이 있어 무게가 나가기 때문에
사진과 같이 힘차게 머리 또는 얼굴 등을 가격하는 용도로서 사용하
기에 좋은 무기가 될 수 있다.

18. 책 이용법

Explanation-18
책을 사진과 같이 날을 세워 친다면 이 또한 매우 위력적인 무기가 될 수 있다.

19. 화장품병 이용법

Explanation-19
핸드백 안에 있는 유리용기의 화장품을 꺼내 사진과 같이 무기로 사용할 수 있다.

20. 머리빗 이용법

Explanation-20
핸드백 안에서 머리빗을 꺼내 사진과 같이 얼굴을 가격하는 무기로 사용할 수 있다.

21. 아이펜슬 이용법

Explanation-21
핸드백 안에서 아이펜슬과 같이 딱딱한 부분을 손가락사이로 끼
어잡아 눈을 향해 찌르는 무기로 사진과 같이 사용할 수 있다. 이외
로도 연필, 볼펜, 만년필 등을 이용할 수도 있다.

GUARD MILITARY
경호무술
22. 열쇠꾸러미 이용법
Explanation-22
핸드백에서 열쇠꾸러미를 꺼내 손에 쥔 다음
상대의 얼굴에 던져 사용하는 무기로 사용할 수
있다.
23. 열쇠 이용법
Explanation-23
열쇠의 날을 세워 잡은 다음, 목이나 눈을 찔러 공격하는
수단의 무기로 이용할 수도 있다.
218

Explanation-24

다량의 동전은 투척용 공격수단으로
이용하기에 좋은 무기다.

Explanation-25

플라스틱 머리띠는 상대방
의 얼굴에 찌르기와 같은 공격
수단으로 이용하기에 좋다.

219

26. 머리핀 이용법

☐Explanation-26

플라스틱재질이나 금속성 재질의 머리핀은 찌르기 또는 긋기와 같은 공격수단으로 이용하기에 좋은 무기다.

27. 휴대폰 이용법

Explanation-26

핸드백에서 휴대폰을 꺼내 상대방의 얼굴에 투척하는 공격무기로서 매우 좋다.

28. 목걸이 이용법

Explanation-28

평소에 걸고 다니는 목걸이도 호신용무기로 사용할 수 있다. 특히, 팬던트가 굵고 클수록 얼굴 등을 가격시 그 효과가 매우 크다.

Start

Explanation-29

사진과 같이 줄을 알맞게 쥐어 치거나
또는 감아 잡아 당기는 식의 용도로서
자유롭게 사용할 수 있다.

호위특기술법

Ⅱ 호위 특기술법 체계(體系)

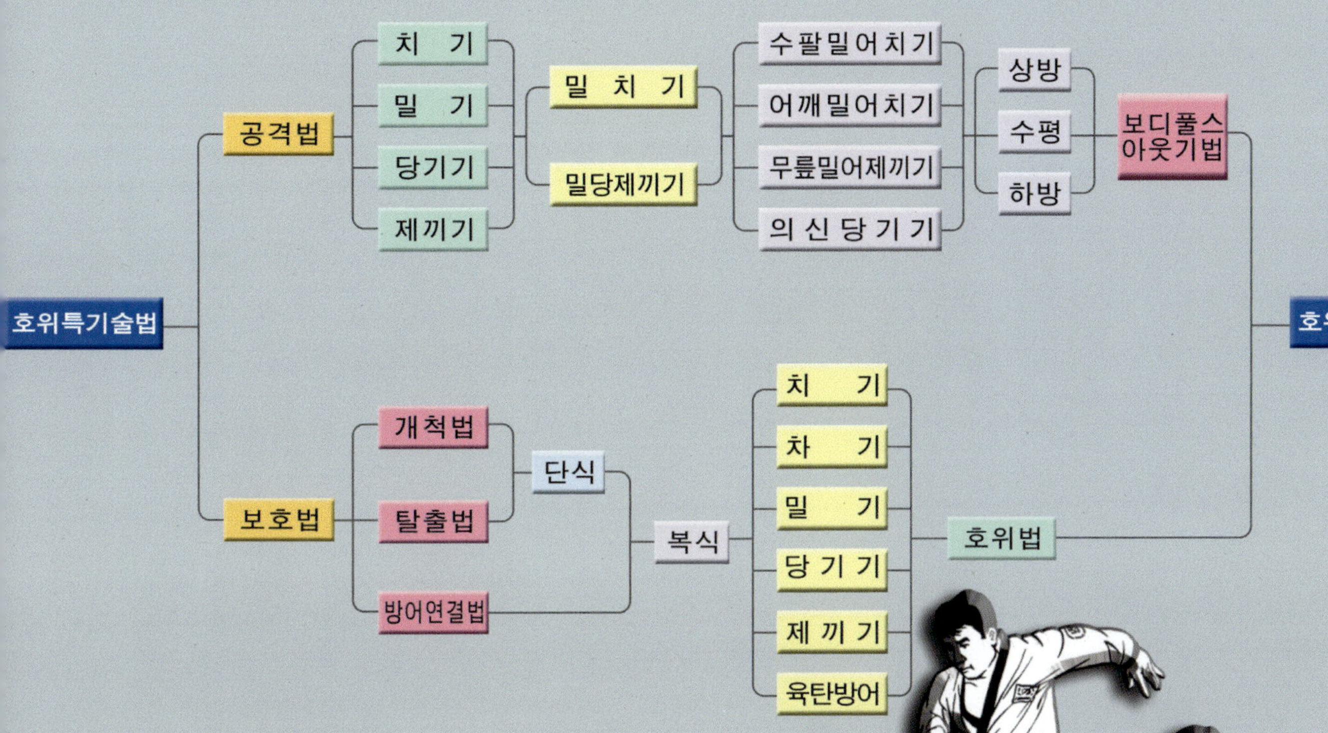

≪ 호위특기술법의 종류 ≫

1. 일수밀치기법
2. 양수밀치기법
3. 수팔밀치기법
4. 수팔제끼기법
5. 무릎밀치기법
6. 무릎제끼기법
7. 어깨밀치기법
8. 의신당기기법
9. 개척법(위난극복법)
10. 탈출법(긴급피난법)
11. 연결법(인벽구축법)
12. 응용특기술법

≪ 호위특기술법 ≫

호위호신특기술은 일반적인 호신술과는 달리 상대방을 제압하는 것이 아니라 저지하는 수준에서 보디풀스아웃기법과 같은 테크닉을 이용하는 것이다.
상대방에게 과도한 통증이나 상처를 주지 않으면서 자연스럽게 경호대상의 신체보호 및 행동반경을 확보하는 특기술등을 말한다.

호위특기술법 수련단계

- 무중공법
  - 수팔 밀치기
  - 수팔 밀어치기
  - 수팔 걸어제끼기
  - 수팔 당겨치기
  - 어깨 밀어치기
  - 무릎 걸어제끼기
- 호위잡기법
- 탈출해제법
- 진로개척법
- 연결방어법
- 육탄방어법

　호위특기술은 일반적인 호신술과는 달리 보디플스 아웃기법인 경우 상대방을 제압하는 것이 아니라 저지하는 수준에서 테크닉을 이용하는 것이다. 상대방에게 과도한 통증이나 상처를 주지 않으면서 자연스럽게 경호대상의 행동반경을 확보하는 특기술을 말한다. 호위호신특기 술이란 상대를 공격 제압하는 것과 달리 상대방을 가벼운 터치 기술로 저지 또는 심리적 위축을 유도하여 안전한 환경을 확보하는 특기로 보호자가 위해(경호)환경에서 부득이 물리적 실력행사를 하지 않으면 안되는 상황에서 상대방에게 과도한 통증이나 상해와 같은 상처를 입히지 않는 범위에서 최소한의 물리적 실력 행사를 하는 호위호신특기 술인 것이다.

　위해(경호)환경에서 상대방을 제압할 정도의 공격은 자칫 상대방에게 상해와 같은 상처를 입힐 수도 있으며, 때로는 불필요한 소송제기 등으로 형사상의 책임을 질 수 있기 때문에 이 같은 문제를 보완한 호위호신특기 술은 매우 사용에 용이한 이점을 갖고 있다고 할 수 있다.

　끝으로 이 기술은 경호대상에 대한 물리적공격이 발생된 경우 경호대상을 보호하기 위하여 경호대상의 신체를 밀거나 밀치거나 당기기와 같은 호위특기술 등을 사용할 수 있는 기술이다. 그리고 탈출해제법이나 진로개척법, 연결방어법, 육탄방어법 등은 공격하는 상대에 대하여 물리적으로 공격방어하는 것이 아니라, 공격은 하지않는 상태에서 포박된 몸을 스스로 풀거나 막혀진 진로를 뚫고 넘어가거나 물리적으로 공격해오는 상대방의 접근을 연결밀집대형을 갖추어 통제하거나 총이나 폭탄 등으로 쏘거나 투척하는 경우 인벽을 구축하여 경호대상의 신체를 총탄이나 파편등으로 부터 보호하는 기술등을 호위특기술이라고 한다.

호위특기술의 5원칙　　　5TH P R I N C I P L E

구　분	내　용
첫　째	상대방에게 어떠한 경우에도 상해와 같은 상처를 가능한 남기지 않는다.
둘　째	호위특기술을 사용할 때에는 분명하고 확실한 방법으로 상대에게 무의식중 심리적 위축감을 갖게 한다.
셋　째	호위특기술을 사용할 때에는 상대방이 인식하는 데에도 물리적 공격이 있었다는 사실을 느끼지 않도록 한다.
넷　째	호위특기술이 노출되지 않도록 반드시 제3자 또는 카메라와 같은 사진에 포착되더라도 공격자세로 노출되지 않도록 한다.
다섯째	호위특기술은 가능한 1회에 한하여 실시하고 실패는 절대로 하지 않는다.

1. 무증공법

보디플스 아웃기법의 의미　　　MEANING!

　보디플스 아웃기법이란 몸을 밀어젖힌다는 뜻으로 손가락·손·팔·어깨·다리·발·무릎 등을 이용하여 가장 단순한 동작으로 상대방의 몸의 균형을 잃게 하여 밀쳐내어 넘어지도록 하는 것이다. 그러나 제3자나 카메라와 같은 증인 또는 증거가 될 수 있는 상황에서도 전혀 고의공격이라고 입증될만한 자세가 표출되지 않도록 한다. 특히 여하한 상황에서도 신체의 외상이 남지 않게 하며, 보디플스 아웃기법은 당하는 상대가 순간 어떻게 된 것인 기 느낄 수 없도록 하는 것이 가장 잘한것이 된다.

보디플스 아웃기법의 중요성　　　IMPRESS

　경호환경에서 도보 이동 중 신속한 이동이 요구될 때 보디플스 아웃기법은 매우 유용한 기술로 이용된다.

　현실적으로 우호적인 군중이든 우호적이지 않은 군중이든 군중들은 이동로에 대한 인적 장애물로 경호상 방해가 되는 경우가 많다. 특히 경호원이 구두협조를 일일이 군중들에게 구할 수 없는 시간적 제약에 있거나 또는 군중들의 협조가 되지 않는 상황에서 경호원들 은 군중들과 불필요한 마찰을 피하면서 이동과 안전을 도모 할 수 있다.

　그리고 어떤 경우 말다툼이나 치고 박기 싸움직전에 밀고 당기며 기선싸움을 하는 경우 가 있다. 이러한 데에도 보디플스 아웃기법이 매우 유용하게 쓰인다.

보디플스 아웃기법의 기본　　　　BASIC

1. 하단제끼기(허리)
2. 중단제끼기(가슴)
3. 상단제끼기(목)
4. 평팔장 밀치고 중단제끼기(가슴)
5. 외손목굽으로 하후방 목·어깨 제끼기
6. 외손목굽으로 하후방으로 당기기
7. 평팔장 목 밀치기
8. 평팔장 목치고 세팔장 명치 밀치기
9. 내팔굽장 명치 밀치기
10. 손목잡아 당기기
11. 어깨치기
12. 무릎 눌러 제끼기

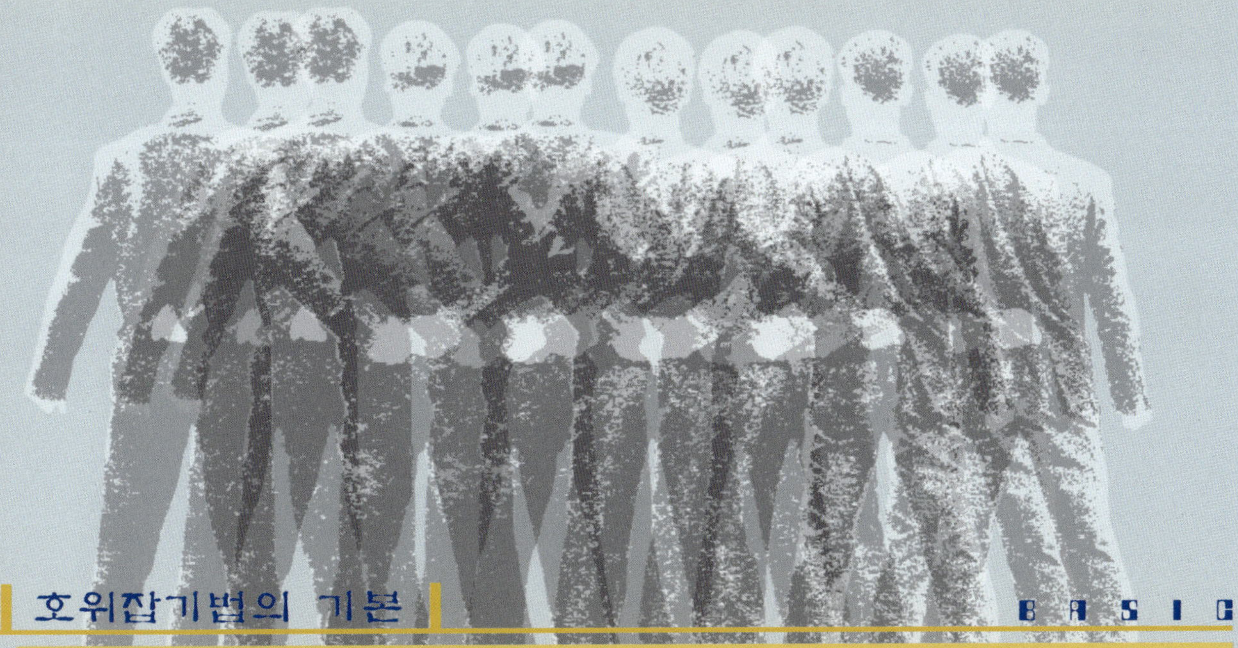

호위잡기법의 기본　　　　BASIC

1. 뒤에서 어깨잡기
2. 앞에서 어깨잡기
3. 앞에서 어깨 'L'자 잡기
4. 뒤에서 어깨 'L'자 잡기
5. 앞에서 어깨 삼각팔굽잡기
6. 뒤에서 허리 삼각팔굽잡기
7. 뒤에서 목·어깨 삼각팔굽잡기
8. 뒤에서 몸통 좌우 삼각팔굽잡기

Start

1. 하단 제끼기 (허리)

Explanation-1

이 기술은 손등 외손목, 배내손목굽, 세팔장등을 동시 ,순간 변환시켜 자세를 이어 취하는 기술이다. 우선, 손가락을 붙인 상태에서 팔을 안으로 구부렸다가 앞으로 뻗어 상대방에게 닿는 순간 배내손목굽으로 변환시켜 허리, 몸통 부위를 걸어 끌어당겨 제낀다. 이때, 중요한 것은 무릎과 허리를 동시에 구부려 손팔의 각도에 따라 일정하게 돌려 주어야 한다. 특히, 최초 상대의 몸이 닿는 순간, 체중을 실어 전측방으로 밀쳐내도록 유도해 주어야 하며, 팔을 뻗어 제낄 때 상대방의 팔을 함께 감아 밀치는 것이 더욱 효과적이다.

Explanation-2

하팔제끼기자세와 거의 동일한 자세라
고 할 수 있다. 그러나, 상대의 몸에 닿는
위치가 하팔제끼기 허리와는 달리 가슴
에 위치한다는 것이 다소 차이가 있다고
할 수 있다.

3. 상단 제끼기(목)

Explanation-3

우선, 최초 하단제끼기자세와 동일하게 자세를 취하여 상대방을 저지하는 동시에 평팔장으로 명치복부를 순간 전환하여 밀치고 이어서 하단제끼기 자세로 상대방을 제긴다.

4. 평팔장밀치고 중단제끼기

☐Explanation-4

하단, 중단제끼기 자세와 유사한 자세로서 팔을
전상방으로 높이 들어 목, 어깨 부위에 위치하여
제낀다.

Start

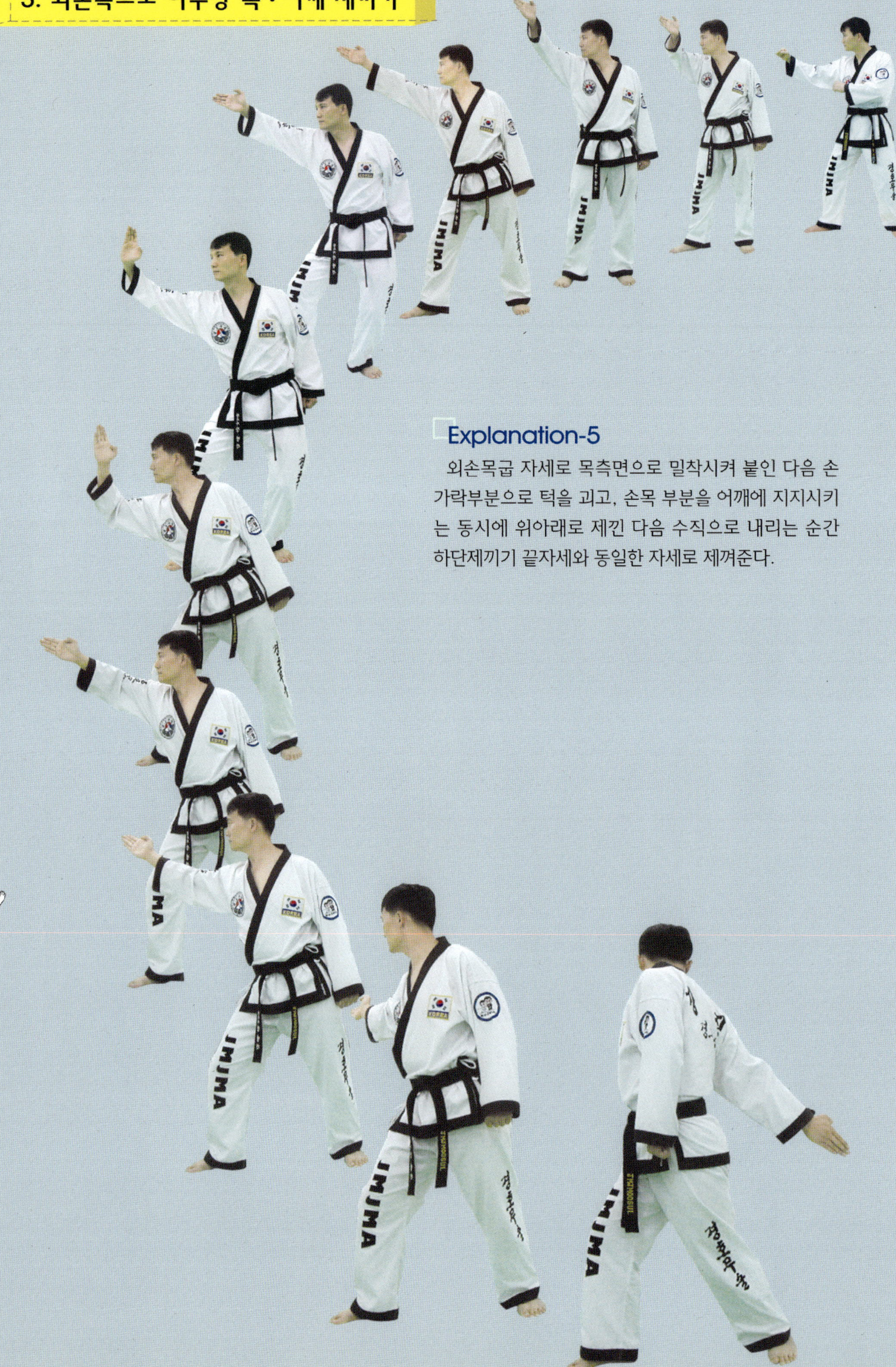

Explanation-5

외손목굽 자세로 목측면으로 밀착시켜 붙인 다음 손가락부분으로 턱을 괴고, 손목 부분을 어깨에 지지시키는 동시에 위아래로 제낀 다음 수직으로 내리는 순간 하단제끼기 끝자세와 동일한 자세로 제껴준다.

경호무술

Start

경호무술 5
호위호신술법 2편

Explanation-6

외손목굽을 살려 목측면에 밀착시켜 붙이고, 동시에 손가락으로 턱을 괴게하고, 손목부분을 어깨에 지지하게 하여 동시에 제긴다. 이때 무릎을 사진과 같이 구부려 체중을 실어 수직으로 상체를 끌어 당긴다.

경호무술

7. 평팔장 목 밀치기

Explanation-7

상대의 어깨를 잡는 동시에 평팔장으로 상대
방의 목을 순간 밀쳐낸다. 이때 발의 자세는 앞
굽서기 자세를 취하도록 한다.

8. 평팔장 목치고 세팔장 명치 밀치기

▢Explanation-8

평팔장 목밀치기 한 다음 이어 세 팔굽장으로 명치복부를 밀어친다. 이 때, 앞무릎을 구부려, 몸의 중심을 앞 으로 기울게 유도하여 밀어치기의 효 과를 더해 주도록 한다.

Start

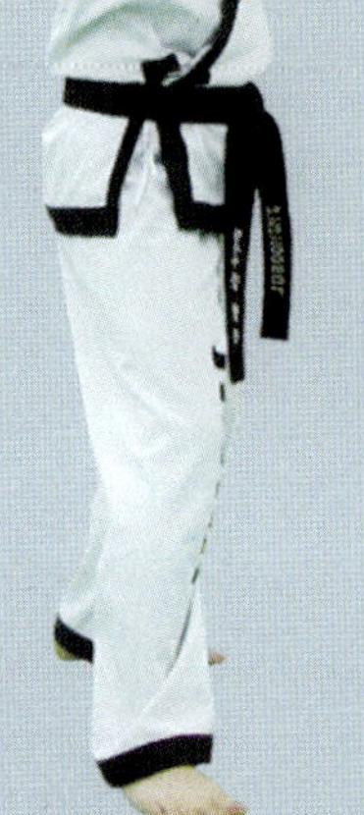

Explanation-9

어깨를 잡는 동시에 팔장을 이용하여
90° 내려 친다. 이때, 안정된 균형을
위해 전교반자세를 취한다.

10. 손목잡아 당기기

☐ Explanation-10

손을 내미는 상대를 양손을 이용하여 손팔장을 잡아 당겨 밀어친다. 발의 자세는 최초전교자세에서 뒤서기자세로 변환시켜 사진과 같이 선다.

11. 어깨치기/비껴치기

Explanation-11

근접한 상대의 어깨부분을 이용하여 밀어치는 기술로서 상대방의 몸의 균형을 효과적으로 흐트려 놓는 기술이다. 이때 상대방의 거리간격에 따라 보폭을 조정하여 자세를 취한다.

12. 무릎 눌러 제끼기

Explanation-12

근접한 상태에서 노출된 상대방의 다리를 무릎제끼기로 공격하여 균형을 잃게 유도하는 기술로서 우선, 오른발을 이용하여 상대방의 오른발 내측으로 내딛어 붙이는 동시에 무릎을 수직으로 순간 구부려, 상대의 무릎을 누르는 동시에 측면으로 돌려 제낀다.

241

2. 호위잡기법

(2) 호위잡기법 설명 (예)

EXAMPLE

Explanation-1

뒤에서 양어깨를 사진과 같이 바르게 잡는다.

Explanation-2

앞에서 양어깨를 사진과 같이 바르게 잡는다.

경호무술

3. 앞에서 어깨 'ㄴ'자 잡기

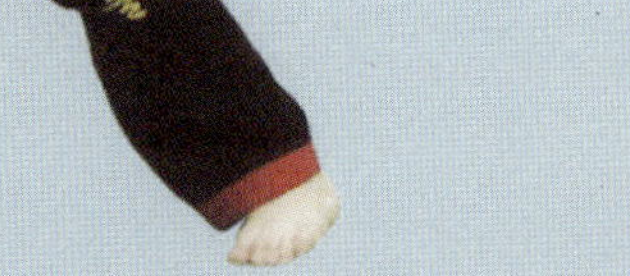

Explanation-3

오른발을 앞으로 내딛는 동시에 사진
과 같이 오른손을 경호대상의 겨드랑이
사이로 집어 넣어 팔을 'ㄴ' 자로 밀착
시켜 잡는다. 이때, 왼손은 손목 깃을
잡아 당겨준다.

4. 뒤에서 어깨 'ㄴ'자 잡기

☐ Explanation-4

오른발을 앞으로 일보 내딛는 동시에 오른손을 경호대상 오른팔 겨드랑이 사이로 집어 넣어 'ㄴ' 자로 밀착시켜 잡는다. 이때, 왼손은 경호대상의 왼쪽 어깨를 잡아 동시에 밀착시켜 준다.

Explanation-5

앞으로 일보 내딛는 동시에 오른팔을 전상
방으로 곧게 뻗어 목을 사진과 같이 감싸 잡
아 가슴쪽으로 밀착시켜 준다.

6. 뒤에서 허리 삼각팔굽잡기

Explanation-6

경호대상 왼발측면으로 오른발 일
보 내딛는 동시에 오른손을 사진과
같이 겨드랑이사이로 넣어 허리를 감
싸잡고 동시에 왼손으로 팔목 옷깃을
잡아 당겨 경호대상의 상체를 대각
90°로 숙이게 하여 잡는 기술이다.

247

7. 뒤에서 어깨·목 삼각팔굽잡기

Explanation-7

왼발을 앞으로 일보 내딛는 동시에
왼팔은 경호대상 겨드랑이 사이로 집
어 넣는 동시에 오른팔은 경호대상
왼쪽 목측면으로 뻗어 동시에 오른쪽
으로 돌려 사진과 같이 잡는다.

8. 뒤에서 몸통 좌우 삼각팔굽잡기

Explanation-8

좌우측 팔을 뻗어 몸통을 감싸 잡는다. 이때, 경호대상의 양팔을 함께 감싸잡고 손목을 감싸 잡을 때에는 왼손이 오른손 손목을 감싸 잡도록 한다. 다만, 왼손잡이는 이와 반대로 잡아도 무방하다. 그리고, 사진과 같이 왼쪽으로 90~180°로 돌아선다.

3. 탈출해제법

(3) 탈출해제법 설명 (예)

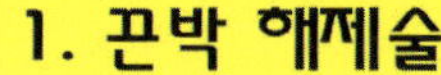

Explanation-1

뒤로 묶은 팔을 풀기 위해 사진과 같이 무릎을 구부려 앉은 다음 묶긴 끈을 최대한 신전시킨 상태에서 엉덩이 측면으로 내려 뺀 다음 상체를 후방낙법하듯이 뒤로 하여 발아래로 팔을 돌려 발을 뺀다.

2. 양팔·허리 제압해제술

Start

Explanation-2

팔을 대각으로 좌우로 뻗어 허리 중앙에 갖다 대어 하전방으로 힘껏 밀어 주어 상체를 뒤로 넘어뜨린다.이때, 무릎을 구부려 상체를 뒤로 기울게 하고, 체중을 실어 상대를 넘어뜨리도록 유도하는 기술이 매우 중요하다.

V
경호무술 5
호위호신술법 2편
5. 경호무술 호위호신술법 2편

Explanation-3

좌우팔을 아래에서 위로 삼팔굽 자세를 취하여 좌우측 상대가 사지노가 같이 뒤로젖혀지게 하는 동시에, 팔을 좌우측 대각으로 뻗어 호위특기술 하방밀치기 자세로 쓰러트린다.

5. 경호무술 호위호신술법 2편
경호무술 5
호위호신술법 2편
255

GUARD MILITARY
경호무술
B
C
D
Start

Explanation-4

  사진과 같이 좌우손을 이용하여 상대의 허리중앙에 갖다대어 하전방으로 내리는 동시에 상체를 앞으로 순간 전환하는 동시에 팔을 곧게 편 상태에서 앞으로 뛰어가면서 자연스럽게 제압되었던 팔을 해제한다.

GUARD MILITARY

경호무술

Explanation-5

양손을 이용해 좌우측에있는 상대방의
엉덩이 위에 있는허리부분을 수장으로
전하방으로 밀어 사진과 같이 상대방의
몸이 뒤로 젖혀지도록 하는 동시에 상체
를 재빨리 앞으로 숙여 튕겨 나오듯이 이
탈하면서 양팔을 뒤로 곧게 뻗은 상태에
서 빼내 해제한다.

Start

6. 반원바꿔 앞전환 해제술

Explanation-6

양손을 좌우측에 있는 상대방의 허리 중앙에 갖다 대어 하전방으로 순간 밀치는 동시에 오른팔을 먼저 빼고 이어 전환하여 사진과 같이 팔을 빼어 제압되었던 팔을 해제한다.

GUARD MILITARY
경호무술
7. 반원바꿔앞전환평선 제압해제술

Explanation-7

전환선법 반원바꿔앞전환 스텝을 이용
하여, 사진과 같이 자세를 취하는 동시에
앞으로 일보 내딛는 순간, 같은 쪽의 팔
을 사진과 같이 신속하게 빼며, 이어서
다른 팔을 빼 제압된 팔을 완전하게 해제
한다.

8. 좌우 · 팔굽창쳐 제압해제술
GUARD MILITARY
경호무술

Explanation-8

양팔을 구부려, 팔굽장을 세우는 동시에, 좌우측 대각측하방으로 강하게 눌러, 상대방의 옆구리(늑골)등에 순간, 충격을 가하여 제압되었던 팔을 해제한다.

9. 삼각 팔굽제껴 제압해제술

Explanation-9
팔장으로 좌우측 상대방의 늑골을 강하게 가격하는 동시에 하단제끼기로 좌우측 상대를 제낀다.

V
5. 경호무술 호위호신술법 2편
경호무술 5
호위호신술법 2편

Explanation-10

무릎을 구부려 체중을 순간 이용하여 좌우측 팔을 아래에서 위로 돌리는 동시에 다시 역으로 풀어 수평으로 좌우안으로 당겨 사진과 같이 수직으로 어깨관절을 꺾어 제압하는 동시에 제압된 팔을 해제한다.

V
5. 경호무술 호위호신술법2편
경호무술5
호위호신술법2편

GUARD MILITARY
경호무술
Start

Explanation-11

체중을 실어 눌러 순간, 좌우측 상대를 밀
착되게 유도한 다음 역으로 풀어 일어나는 동
시에 양팔을 중단제끼기식으로 좌우로 뻗어
연결된 상대의 팔을 해제시킨다.

GUARD MILITARY
경호무술
Start

Explanation-12
좌우측 팔을 전상방으로 뻗어 좌우족 상대의
목을 사진과 같이 감싸 잡은 다음 덤블링하듯이
하체를 들어 올려 넘는다.

GUARD MILITARY
경호무술
13. 좌우어깨잡고 손밟고 뛰어넘어가기
Start
274

Explanation-13

연결된 손목을 밟고 올라가 넘어간다. 이때
손은 좌우측에 있는 상대방의 어깨를 짚어준다.

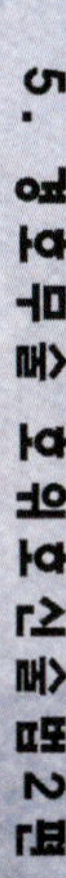

경호무술
GUARD MILITARY

14. 좌우다리제껴 빠져나기기

Explanation-14
견고하게 연결된 팔을 피하여 다리사이
로 팔을 뻗어 벌리는 동시에 머리, 어깨,
몸통순으로 빠져나간다.

Start

V
5. 경호무술 호위호신술법 2편
경호무술 5
호위호신술법 2편

GUARD MILITARY
경호무술
15. 좌우머리잡고 뒤로넘어가기
Explanation-15
양손을 이용해 좌우측 상대의 머리를
움켜잡아 힘차게 끌어 당기는 동시에 다
리를 들어 덤블링 하듯이 넘어간다.
Start

5. 경호무술 호위호신술법 2편
경호무술 5
호위호신술법 2편

경호무술
GUARD MILITARY
16. 좌우어깨잡고 허리어깨밟고 넘어가기
Start
Explanation-16
상대의 다리, 무릎뒷축을 순간 밟고 딛고 올라 간 다음 곧바로 이어서 어깨를 밟고 넘어간다.
280

4. 진로개척법

진로개척법 설명 예

EXAMPLE

Start

1. 하단 제끼기 (허리)

2. 외손목으로 목어깨하방 당기기

경호무술

3. 무릎눌러 제끼기

연결방어법 설명 예

ＥＮＡＭＰＬＥ

1. 밀집연결 A형

2. 밀집연결 B형

경호무술 5
호위호신술법 2편

4. 밀집연결 D형

5. 밀집연결 E형

6. 밀집연결 F형

육탄방어법 설명 예

ENAMPL

1. 육탄방어(1~3)

5. 육탄방어 전방중첩 호위낙법(1)
GUARD MILITARY
경호무술
292

Explanation-5

폭탄투척 또는 총격시 경호대상을 호위하기 위하여 육탄중첩호위자세를 취하는 기술로서 최초 한 경호원이 호위낙법을 취한 후 연속해서 다른 경호원들이 순차적으로 겹겹이 인벽을 쌓는다. 이때, 중요한 점은 최초 반드시 경호원이 호위낙법을 통해 신속하고 안전하게 착지하도록 호위낙법을 취해주고, 나머지 경호원들은 경호대상의 신체일부라도 외부에 노출되지 않도록 견고하게 인벽을 쌓도록 해야 한다. 그리고, 네명의 경호원이 거의 동시에 순차적으로 엎어지도록 팀웍을 잘 이루어야 한다. 이 자세는 상대의 공격방향을 알 수 없을 때 취한다.

GUARD MILITARY
경호무술

6. 육탄방어 전방중첩 호위낙법 (2)

Explanation-6
뒤에 있는 경호원이 호위측
방낙호법으로 착지한 다음 사
진과 같이 축자적으로 덮친다.

7. 전방중첩 호위낙법(3)

Explanation-7
뒤에있는 경호원이 전방호위낙호
법으로 착지한 다음 다른 경호원들
이 사진과 같이 축자적으로 덮친다.

경호무술 5
호위호신술법 2편

5. 경호무술 호위호신술법 2편

8. 육탄방어 후방중첩 호위낙법

Explanation-8

전방 총격공격이나 폭발물 투척 시 경호대상을 호위하기 위한 호위 낙호법으로서 가능한 순차적으로 차례로 덮쳐 경호대상의 신체가 외부에 노출됨이 없도록 완전하게 감싼다. 후방호위낙호법은 공격방향이 확인된 상황에서 경호대상을 육탄방어와 동시에 공격하는 상대방을 곧바로 역습하기에 좋은 자세다.

경호무술 용어해설

경호무술 : 자기 자신을 포함하여 경호 대상에 대하여 가해져 오는 공격으로부터 신체 및 생명을 보호해주는 호위호신무술.

경호 : 경호대상자의 신변에 직접 또는 간접적으로 가해지는 신체 및 생명 위협을 방지하고, 제거하기 위해 경호활동에 필요한 정보, 첩보수집 및 인원, 장비 운영을 통한 경계활동까지를 포함하여 경호대상의 안전을 도모하는 것.

무술 : 손 발등의 신체부위 또는 무기를 이용하여 신법, 두법, 수법, 족법, 무법 등으로 체계화된 공방기술로 수련하는 격투기술 .

경호대상자 : 일신상의 이유로 신변보호를 받아야할 대상으로 지정된 인물(사람).

경호환경 : 경호 대상에 대한 모든 위험요소로부터 안전 유무를 확인하고 필요한 대책을 통한 환경을 확보하는 것.

원복 : 무술원에서 입는 단체복(유니폼)

1. 호위특기술법 용어 해설

호위특기술 : 상대에게 과도한 통증이나 상처를 남기지 않을 수 있으며 고의성에 대하여 본인이나 제3자에 의하여 증인이나 증거가 잘 남지 않게 하는 기술과 경호대상이 위험에 노출된 경우 순간의 위험으로부터 보호될 수 있도록 하는 기술

호위특기술법 : 보디플스아웃기법, 탈출해제법, 진로개척법, 저지방어법, 연결방어법, 육탄방어법 등의 기술.

보디플스아웃기법 : 몸을 밀어 젖힌다는 뜻으로 손가락, 손, 팔, 어깨, 다리, 무릎, 발, 몸통 등 신체 전신을 이용하여 가장 단순한 동작으로 상대방의 몸의 균형을 잃게 하여 밀려나거나 넘어지도록 하는 것으로서 제3자나 카메라와 같은 증인 또는 증거가 될 수 있는 상황에서도 전혀 고의적 공격이라고 입증할만한 자세가 표출되지 않도록 하며, 또 보디플스아웃기법을 당하는 상대가 순간 어떻게 된 것인지 느낄 수 없도록 하는 것이 가장 잘하는 것임.

밀기 : 손과 팔이나 다리와 발로 상대가 일정한 방향으로 움직이도록 힘을 가해 미는 기술.

당기기 : 손과 팔, 다리로 상대의 의복이나 신체를 당기는 기술.

걸기 : 손과 팔이나 발로 건다는 뜻으로 진행하는 상대를 걸어 균형을 무너트리거나 넘어지게 하는 기술.

밀치기 : 손과 팔이나 다리와 발로 상대가 일정한 방향으로 움직이도록 힘을 가해 밀면서 치는 기술.

당겨치기 : 손과 팔, 다리로 상대의 의복이나 신체를 당겨 치는 기술.

밀어치기 : 밀치기를 기초로 하는 것으로 상대를 밀어서 치는 기술.

찔러밀치기 : 손으로 상대의 특정 부위를 찌르며 밀어 치는 기술.

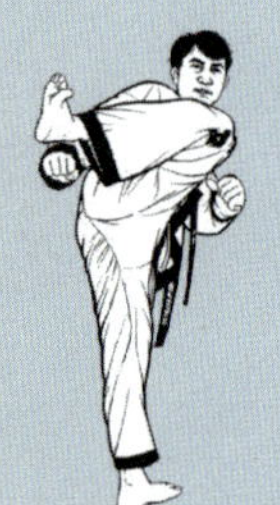

눌러밀치기 : 손과 팔이나 발로 상대를 누르며 밀어 치는 기술.

제끼기 : 안쪽이 바깥으로 나오게 하다는 뜻과 같이 손과 팔이나 다리나 발로 상대가 똑
　　　　바로 진행 하지 못하게 바깥으로 밀리게 하여 균형을 잃게 하거나 상대 신체가 유도
　　　　하는 방향으로 뒤바꿔 밀려 균형을 잃게 하여 밀려나거나 넘어지게 하는 기술.

밀어제끼기 : 손과 팔, 다리로 상대의 신체를 밀어제끼는 기술.

당겨제끼기 : 손과 팔, 다리로 상대의 의복이나 신체를 당겨 제끼는 기술.

제치기 : 제껴 친다는 뜻으로 손으로 제껴진 상대를 밀어 쳐 균형을 잃고 바깥으로
　　　　강하게 튕겨 나가게 하거나 넘어 지게 하는 기술.

밀어제치기 : 밀어 제껴 친다는 뜻으로 손과 팔로 상대를 밀어 균형을 무너트리고
　　　　동시에 제껴 완전히 중심을 잃게 하고 동시에 쳐 강하게 튕겨나거나 넘어지게
　　　　하는 기술.

당겨제치기 : 당겨 제껴 친다는 뜻으로 손과 팔로 상대를 당겨 균형을 무너트리고
　　　　동시에 제껴 완전히 중심을 잃게 하고 동시에 쳐 강하게 튕겨나거나 넘어지게
　　　　하는 기술.

걸치기 : 몸에 걸친다는 뜻으로 자신의 신체를 상대에게 걸쳐 상대의 균형을 무너
　　　　트려 밀거나 넘어트리기도 하고 반대로 상대를 자신의 몸에 걸쳐 제압하거나
　　　　밀거나 당겨 이동시키는 기술.

걸어치기 : 상대를 걸어 치거나 상대의 신체에 완전히 밀착한 상태에서 손, 팔, 어깨,
　　　　가슴, 배, 골반, 엉덩이, 등, 무릎, 발로 치는 기술.

걸어제끼기 : 손과 팔이나 다리와 발로 상대를 걸어서 제끼는 기술.

걸어제치기 : 손과 팔이나 다리와 발로 상대를 걸어서 제껴 치는 기술.

밀당치기 : 밀고 당겨 치는 기술.

호위특기술법수련단계 : 호위특기술법 수련체계를 유급자 또는 유단 수련자의 수련
　　　　기간과 수준에 따라 지도하고 익히는 과정.

기본보디플스아웃기법 : 경호실무에서 가장 많이 사용되는 기본기술로 무증공법 보
　　　　디플스아웃 12수 기본 기술.

무증공법보디플스아웃기법 : 가상의 상대가 있다는 설정 아래 보디플스아웃기법의
　　　　기술자세를 스스로 익히는 기술.

무증공법 1번 : 수팔 하단제끼기 기술.

무증공법 2번 : 수팔 중단제끼기 기술.

무증공법 3번 : 수팔 상단제끼기 기술.

무증공법 4번 : 평팔장 밀고 중단제끼기(밀어제끼기) 기술.

무증공법 5번 : 외손목굽으로 하후방 목·어깨 제끼기(걸어제끼기) 기술.

무증공법 6번 : 외손목굽으로 하방으로 당기기 기술.

무증공법 7번 : 평발장 목 밀치기 기술.

무증공법 8번 : 평발장 목 밀치고 세발장 명치 밀치기 기술.

무증공법 9번 : 내팔굽장 명치 말치기 기술.

무증공법 10번 : 손목잡아 당기기 기술.

무증공법 11번 : 어깨치기 기술.

무증공법 12번 : 무릎 눌러 제끼기 기술.

수법특기술 : 손을 이용한 밀기, 밀치기, 당기기, 걸기, 제끼기, 제치기 등의 기술.

팔법특기술 : 팔을 이용한 밀기, 밀치기, 당기기, 걸기, 제끼기, 제치기 등의 기술.

두법특기술 : 머리 및 턱을 이용한 밀기, 누르기, 찍기, 제끼기, 걸기 등의 기술.

신법특기술 : 신체의 다양한 부위를 적절하게 이용하는 기술.

족법특기술 : 다리나 발을 이용한 밀기, 밀치기, 당기기, 걸기, 제끼기, 제치기 등의 기술.

무기특기술 : 무기를 이용한 밀기, 밀치기, 당기기, 걸기, 제끼기, 제치기 등의 기술.

단식보디플스아웃기법 : 한번 하는 보디플스아웃 기술.

복식보디플스아웃기법 : 두 번 시도하는 보디플스아웃 기술.

혼용복식보디플스아웃기법 : 다른 기술을 혼용하여 두 번 시도하는 보디플스아웃 기술.

결합보디플스아웃기법 : 보디플스아웃 기술을 전환선법, 호위권무형법, 호위발치기법,
호위낙선법, 호위호신술법 등의 기술을 응용하거나 혼용해 구사하는 기법.

연속보디플스아웃기법 : 실제 상대의 저항에 다양한 보디플스아웃 기술을 연속하여
구사하는 기술.

호위잡기법 : 경호대상이 위험에 노출된 찰나의 상황에서 경호대상의 신체 및 생명을
보호하기 위해 신체의 일부 또는 접부를 신속 정확하게 잡는 기술.

탈출해제법 : 자신이 또는 경호대상자가 다수의 위해자에게 잡혀 강제로 끌려가거나
납치당하려는 상황이거나 또는 다수의 인원이 포위하고 있거나 포박을 당해 잡혀
있을 경우 이를 해제하고 탈출 하는 기술.

진로개척법 : 혼자 또는 다수의 인원이 자신 또는 경호대상이 나아갈 진로방향을
고의적으로 막고 서있거나 군중이 밀집되어 혼잡한 지역을 경호대상과 함께 신
속히 벗어나야 하는 상황에서 진행 진로를 확보하기 위한 개척 기술.

저지방어법 : 경호실무에서 출입이 금지된 구역 또는 제한된 구역을 무단을 출입하려
하는 자 또는 경호대상을 잡거나 위협하려 접근하는 자의 접근을 저지하고 필
요시 퇴거조치 시키는 기법. 저지 및 퇴거조치 시 상대에게 상해를 입히지 않고
효과적으로 할 수 있는 장점이 기술.

연결방어법 : 다수의 인원이 손을 붙잡거나 서로 수팔을 연결시켜 방어하는 것으로
일렬종대로 대형을 갖추거나 중첩종대로 대형을 갖추는 기술.

육탄방어법 : 투척, 저격, 폭발 등의 위험으로부터 개인 또는 팀을 이뤄 자신의 몸을
방패로 삼아 공격을 방어해 경호대상의 신체 및 생명을 지켜내는 것으로 가능한
경호대상의 전신을 육탄 방어하는 것을 원칙으로 하되 혼자서 육탄방어를 해야
하는 상황이라면 머리와 상반신을 완벽히 감싸 생명에 지장이 없도록 하는 기술.

팀호위특기술법 : 2인 이상 팀을 이뤄 경호대상을 수행하고 보호 할 수 있는 보디
플스아웃기법, 탈출해제법, 진로개척법, 저지방어법, 연결방어법, 육탄방어법
등을 구사하는 기술.

장명진

- 사단법인 한국경호무술진흥회 회장
- 전통무예원류적통자 모임 간사
- 장명진경호무술원 총원장
- 국무총리실 국가재난관리본부 자문위원
- 초당대학교 경호학과(경호무술) 겸임교수
- 고려대학교 사범대학원 석사과정(경호무술) 강사
- 선문대학교 무도학과, 충청대학 태권도학과(경호무술) 강사
- 국립경찰대학 수사보안연수소(경호무술/경호전략) 강사
- 중국연길시공안국 보안전문대학교 명예교수
- 한서대학교, 서일대학 사회교육원 경호학과(경호무술) 강사
- KBS아카데미 경호원 양성과정(경호무술) 강사
- 사단법인 한국무예포럼 운영위원
- 주식회사 탐경(경호회사) 대표이사
- 국제경호아카데미 원장
- 국제경호협회 회장
- 한국안전교육학회, 한국경호경비학회 운영위원
- 사단법인 한국경비협회 신변보호분과 운영위원
- 사단법인 한국직능단체총연합회 상임부회장
- 제10기 민주평화통일 자문위원(대통령)
- 윗몸일으키기(14,824회) 기네스기록 보유(1990년)
- 『경호무술』, 『경호실무』 저술(개정7권, 1994년~2011년)
- 『경호직무능력표준』, 『경호자격규정집』(2004년~2005년)
- 「경호산업문제분석과 발전방안에 관한 연구」 외 다수의 논문
- 대통령표창(2002년), 국무총리표창(2007년)

[무술입문 및 경호무술 창시보급]

7세에 무예 입문. 태권도, 택견, 합기도, 쿵푸 등을 수련하고 경호무술을 창시하는 등 40여 년간 무공을 쌓았다. 1986년 708특공대(경호부대) 복무 중 86서울아시안게임과 88서울올림픽 경호작전임무를 계기로 경호무술을 연구하기 시작해, 1992년 정립한 경호무술을 국내 최초로 설립된 국제경호아카데미에서 경호원양성 교육과정으로 지도하기 시작하였다. 이후 대학(교) 경호무술학과 및 경호학과와 관련학과에 보급하였다. 1996년 국내최초로 인터넷 경호무술강좌를 시작으로 초·중·고등학생 및 일반인 대상으로 경호무술원을 개원하여 전국에 보급하고 있다. 또한 중국, 미국, 남미지역에 해외지부를 두고 세계화 중에 있으며, 국내외 주요 방송매체를 통해 크게 주목받고 있다.

경호무술 Since 1992
警護武術

호위호신술법 2편

5

초 판 인 쇄| 2011년 7월 15일
초 판 발 행| 2011년 7월 15일

지 은 이| 장명진
펴 낸 이| 채종준
펴 낸 곳| 한국학술정보㈜
주   소| 경기도 파주시 교하읍 문발리 파주출판문화정보산업단지 513-5
전   화| 031) 908-3181(대표)
팩   스| 031) 908-3189
홈 페 이 지| http://ebook.kstudy.com
E－mail| 출판사업부 publish@kstudy.com
등   록| 제일산-115호(2000. 6. 19)

ISBN   978-89-268-2194-7 14690 (Paper Book)
        978-89-268-2195-4 18690 (e-Book)
        978-89-268-2184-8 14690 (Paper Book Set)
        978-89-268-2185-5 18690 (e-Book Set)

이담 Books 는 한국학술정보(주)의 지식실용서 브랜드입니다.